本书是以下两个项目的研究成果：

1. 国家社科基金2014年度重大招标项目：《〈通用规范汉字表〉8105字形音义源流研究》（14ZDB099）

2. 第二批"燕赵文化英才工程"资助项目："3500一级汉字图文说解与汉字文化解析"

字里中国

张素凤 宋春淑 娜红 著

中华书局

图书在版编目（CIP）数据

字里中国/张素凤,宋春淑,娜红著. —北京:中华书局,2017.3
（2018.5重印）
ISBN 978-7-101-11060-9

Ⅰ.字…　Ⅱ.①张…②宋…③娜…　Ⅲ.汉字-通俗读物
Ⅳ.H12-49

中国版本图书馆 CIP 数据核字（2015）第 144972 号

书　　名	字里中国	
著　　者	张素凤　宋春淑　娜　红	
责任编辑	马　燕	
出版发行	中华书局	
	（北京市丰台区太平桥西里 38 号　100073）	
	http://www.zhbc.com.cn	
	E-mail:zhbc@zhbc.com.cn	
印　　刷	北京市白帆印务有限公司	
版　　次	2017 年 3 月北京第 1 版	
	2018 年 5 月北京第 2 次印刷	
规　　格	开本/710×1000 毫米　1/16	
	印张 14　插页 2　字数 100 千字	
印　　数	5001-10000 册	
国际书号	ISBN 978-7-101-11060-9	
定　　价	36.00 元	

目 录

第一章
从汉字看中国古代社会等级

中国古代社会，等级森严。从王公大臣到地方官吏，从贵族到平民，至最底层的奴隶，每一个阶层都包括多种不同职位，每个职位都有表现其特点的专有名称。同时，各种职位名称及其内涵又随着时代而改变，这样，同一职位在不同的朝代，所用名称可能不尽相同；而同一名称所代表的职位在不同朝代也存在差异。例如，处于最高层的统治者，就先后有"后""王""帝""天子""国君""元首"等名称；而"后""王""帝"等名称，在不同时代又有不同的含义。本章选择部分表示地位职官的汉字，从分析其古文字形体所包含的文化内涵入手，梳理各种职官的内涵及其古今变化，从而勾勒出中国古代社会各阶层的分布及变化。

一　最高统治者

说到"后"字，你的头脑中一定会闪现出"皇后""太后""影后"等那些影视剧里面身材曼妙、倾国倾城的女人。可是最初的"后"却没有这样养眼，且经过了两次"魔法转身"。

1."后"：生小孩的女人

"后"的甲骨文形体有"茁""舂""台"等。第一个字形的左半部分像一个人双手交叉于胸前，这就是甲骨文的"女"字；第二个字形的左半部分与第一个字形相比，不仅头上增加了装饰，身上还增加两点表示乳头作"舂"，这是甲骨文的"母"字；第三个字形的左半部分像一个侧面的人形，这是甲骨文"人"字；这些字的右下部分像一个头朝下的小孩儿，也就是甲骨文"子"字的倒置之形，第二个字形在倒"子"下还有点儿，表示生小孩时流出的羊水。整个字形表现的是妇女生小孩的情景。前两个甲骨文字形为"毓"，又作"育"，本义是"生育"；第三个甲骨文字形为"后"。

是不是所有生小孩的女人都被称为"后"呢？不是的。"后"字从一开始就"位高权重"，它指母系氏族社会中地位最高的女性酋长。"生小孩的女人"为什么被赋予了如此崇高的地位呢？这就要联系人类社会的历史。远古时期，人类处于母权社会，群婚制的特点使人们只知道自己的母亲是谁，而不知道自己的父亲是谁。因此，族中最高权力拥有者就是女性，而女性的最高功业就是为本氏族繁殖后代，所以取象于"生育"的"后"字被用来表示族中最高权力拥有者。

2."后"的变性

历史是发展的，父系氏族社会最终取代了母系氏族社会，权柄落在了男性手里，而"后"作为一个尊称历时已久，男性统治者似乎也不肯放弃这一称谓所带来的荣耀，因此"后"做了一次"变性手术"，由指"拥有最高权力的女性"变为指"拥有最高权力的男性"。直至夏代，人们仍称最高统治者为"后"，古文献中常有"夏后""商后"，指的就是夏和商的最高统治者。如《尚书·仲虺之诰》："（商汤）东征，西夷怨；南征，北狄怨。曰：'奚独后予？'攸徂之民，室家相庆，曰：'徯予后，后来其苏。'"是说由于夏桀非常暴虐，在他的统治下，人民痛苦不堪，商汤带兵去讨伐暴君，老百姓殷切地期待商汤来解救他们。这里"徯予后，后来其苏"中两个"后"字都是指商汤。

3."后"的女性回归

日月流转，"后"的称谓受到了挑战。进入商代，最高统治者又有了一个称谓——"王"，但此时"后"仍在使用，也就是"后""王"并用。进入周以后，最高统治者不再称"后"，而代之以"王""天子"等。此时"后"又一次变身，回归转指女性，即女性中地位最高的"王后""太后"。

可见，"后"最初表示地位最高的女人，后来泛指地位最高的人（主要是男性），最后又专指帝王的妻子或母亲，也就是女性中地位最高的人。现代社会中，人们通常把具有相当影响力的女演员尊称为"后"，如"影后""歌后""天后"等等。

4.此"后"非彼"后"

需要注意的是，"后"与"後"（前后的后）本是不同的字，汉字简化后，"後"字不再使用，而用同音的"后"字替代，于是两个不同的hòu字合并成一个字形了。现代有的人喜欢写繁体字，又不清楚繁简字之间的关系，结果出现把"影后"写成"影後"的笑话。

1."王":一柄斧头

商代金文中"王"字作"",甲骨文作"""",西周金文作
""""。这些字形都取象古代斧头的侧面之形,下边比较宽的部分是
斧头的刃,最上边一横表示斧背,中间一横表示安装斧柄的地方。

2."王"的武功

上古时候,斧子作为杀伐武器,外形厚重,
极具震慑力,因此,军事征伐中,最高统帅常常
手拿斧钺。根据文献记载,商汤在征伐昆吾和夏
桀时,手中所拿的是斧钺;周武王在征伐商纣
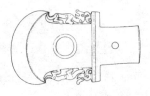

钺

王时,也手拿斧钺。斧钺在当时成为最高军事统帅权的象征。因此,君
王授予将帅征伐权力时,往往通过赐予斧钺表示授予军事权力,如《淮
南子·兵略训》:"主亲操钺,持头,授将军其柄,曰:'从此上至天者,
将军制之。'复操斧,持头,授将军其柄,曰:'从此下至渊者,将军制
之。'"这段话非常具体地说明了君主授予将军军事权力时的仪式——把
象征最高军事权力的斧钺交给将军。

可见,上古时期,"王"在先民心目中是武功卓著的最高军事统帅,因
此,用斧钺之形表现"王"。到了商代,一个国家权力地位最高的人被称作
"王",从"王"的最早字形看,称"王"主要是因为武功卓著。

3.以文易武

随着汉字形体的发展演变,"王"的小篆字形已经丧失了象形功能;同

时，"王"在人们心目中的形象也不再是最高军事统帅，而是行仁政、得民心，如民父母，因而天下归往。于是，东汉文字学家许慎在《说文解字》中把"王"字解释为："天下所归往也。董仲舒曰：'古之造文者，三画而连其中谓之王。三者，天、地、人也，而参通之者，王也。'孔子曰：'一贯三为王。'"意思是说，"王"就是天下人都愿意归顺、向往的人，字形中的三横分别代表天、地、人，中间的一竖表示贯通，王就是能够参透贯通天、地、人的人。显然，在儒家眼中，"王"的主要功绩不是武功而是文治。

东周时期，"王"是最崇高的称号，只有周天子才能拥有，如果诸侯称王，则表示这个诸侯国已经不承认周天子对自己的领导权了。春秋五霸中最出名的齐桓公、晋文公，名义上很尊重周天子，因此没有称王。第一个僭越称王的是楚武王熊通，他认为自己作为一个子爵，在诸侯之中难以有号召力。于是，公元前704年，托随侯向周天子进言，要求提升其级别。周朝大臣见南面楚国已经虎视眈眈了，如果加封称号，必如虎添翼，纷纷直谏劝阻，楚王之计落空。楚武王得知周天子拒绝提高其爵位，暴跳如雷，便自尊为王。楚国称王的消息发布以后，只有周天子控制的少数诸侯国表示强烈谴责，再有就是一些儒生发表一些"世风日下""人心不古""礼乐崩坏"的感叹。各国的反应，大出楚王的意料。之后，有称王野心的强国纷纷效尤。到战国时期，由于秦迁九鼎，东周灭亡，各诸侯心中再没任何顾忌，加上少数国家已经称王，其他国家也陆续称王。

"天子"即"天神之子"

"天"字殷商时期的金文写作"𡗜""𡗜"，像正面站立的人形而突出头部，本义就是头。因此，人头上的某些部位被冠以"天"名，如"天庭""天灵盖"。古代神话传说中，有一个与天帝抗争的英雄，他被砍掉了头以后仍用双乳作眼睛，以肚脐作口，双手拿着被称为"干""戚"的两种武器不停地战斗，这个失败的悲剧英雄被叫做"刑天"。他之所以被称为"刑天"，就因为他的"天"（即"头"）被砍掉了。"头"在人体的最高处，因此，"天"又引申有"天空""上天""天神"等意义。"子"的意思就是小孩、孩子。因此，"天子"的意思就是"天神的长子或嗣子"。

周代统治者自称为天子，即天神之子，这源于一个传说。传说有邰氏之女姜嫄，经常祭祀求子。有一次她去郊外祭祀，发现一个巨大的脚印，踩上之后，顿时觉得有怀孕的感觉，后来生下一个男孩。姜嫄觉得这个孩子是不祥之兆，想将他抛弃：先把他扔到狭窄的小巷子中，结果牛马从那里经过，都避开这个孩子而不踩踏他；又打算把他扔到山林中，却正赶上有很多人在那里伐木；于是把他扔在冰上，结果飞鸟用自己的翅膀覆盖保护这个孩子。这个孩子被抛弃三次，都大难不死，姜嫄认为这是神灵保佑，便抱回抚养，由于曾被抛弃的缘故，于是给孩子起名"弃"，这个孩子就是周的始祖后稷。传说那个巨大的脚印是天神的脚印，因此后稷就是天神的孩子。周代的最高统治者称作"天子"，表示他是天神的后代，他的权力是天神给的，他是上天派到人间来"一统江湖"、治理天下的。后来，皇帝圣旨往往以"奉天承运"开头，目的也是强调皇帝得到了上天的授权。

1. "帝"：享受祭祀的茅草

"帝"在文献中可以指"帝王"，也可以指"天神"。也就是说"帝"既可以指人，又可以指神。"帝"为什么亦神亦人呢？这要从"帝"的古文字形说起。

"帝"的甲骨文字形作"𢀐"，是一种捆扎成人形的茅草，但这捆茅草可不是用来吓唬麻雀的"稻草人"，它是代表鬼神来享受祭祀的。古代祭祀时，把酒倒在捆束好的茅草上面，先民看到酒渗入其中，就感觉被祭祀者已经享用了这些酒，这种仪式叫做"缩酒"。这种用来缩酒的茅草主要产于南方的楚国等地。《东周列国志》："蛮荆久在化外，宣王始讨而服之。每年止贡菁茅一车，以供祭祀缩酒之用，不责他物，所以示羁縻之意。"意思是说楚国长久处于南方，没有受到周王朝的教化，周宣王征讨南方诸侯国，使他们臣服，从此楚国每年为周王朝进贡一车菁茅，用于祭祀时缩酒之用，而不要求其他贡品，以表示对地处南偏的楚国的羁縻政策。后来楚国不按时进献菁茅，这成为齐桓公代表周王朝征讨楚国的重要理由。《左传·僖公四年》："尔贡包茅不入，王祭不共，无以缩酒，寡人是征。"意思是：你们应该贡献的包茅不按时进献，周王祭祀时包茅供应不上，没有用来缩酒的东西，这是我要责问你的。

2. 茅草的"神气"

由于这种捆扎成人形的茅草代表鬼神享受了祭祀，因此，造字时就用这种捆扎成人形的茅草形表现祭祀对象。普通的茅草也就成了神的"钦差"，"神气"活现。早期卜辞中，"帝"主要用来指自然界的神灵，同人无任何亲戚关系；武丁以后，"帝"开始包括商王的先祖。显然，不管是自然神，还是祖先神，都是神，也就是说，"帝"最初的意义是神，是祭祀对象。从文献用例看，传说中的"五帝"是对为华夏民族做出杰出贡献的先祖的称谓，"天帝"是自然神，也就是说，"帝"最初不是最高统治者的称号，而是享受祭祀的神灵。

3. 沾上"人气"：拍马屁的结果

"帝"后来成为最高统治者的称号，完全是歌功颂德的产物。根据《史记·秦始皇本纪》记载，秦灭六国之后，嬴政召集丞相王绾、御史大夫冯劫、廷尉李斯等人开始"议帝号"。众臣商议，嬴政在灭六国之前，被称为"秦王"，现在嬴政灭掉六国，远远不只是一国之王，他统治的区域远远大于秦国，那么，这位居于七国之尊的嬴政，究竟应该有一个什么样的"尊号"？应该具有多大的权力？有的大臣提议：中国古有天皇、地皇、泰皇，为"三皇"，泰皇为最高、最尊、最贵，所以嬴政应该称"泰皇"。但是也有人认为：古有五帝，即黄帝、颛顼、帝喾、唐尧、虞舜，而嬴政的功绩为"五帝所不及"。嬴政最后取"三皇"之"皇"、"五帝"之"帝"合为"皇帝"。嬴政是第一个皇帝，所以称"始皇帝"。从此"帝"成为"王天下之号"，变成对人的称谓。

古代最高统治者除了先后被称作"后""王""天子""帝"外，还有一种称谓——"君"。最高统治者为什么被称为"君"？与之相关的"君子"一词为什么会变为对"有美德的人"的尊称呢？

1. "君"：发号施令的当权派

"君"的甲骨文字形作"𝌀"，小篆字形作"𠺕"。上边的构件像手握象征权力的手杖之形，表示掌握权力、管理事务的人，这个构件单独成字为"尹"，是古代一种官名，比如"京兆尹"相当于今天北京市的市长。下边的构件是"口"，表示发号施令。"君"的本义就是地位尊贵的权力拥有者，最高统治者是一国之中地位最尊贵的人，因此称为"国君"。

2."德美"取代"位高"

"君"由"地位尊贵的权力拥有者"引申为对人的敬称，现代有些人在称呼别人时，也在对方名字后边加一个"君"字，以表示尊重。

"君"由"地位尊贵的权力拥有者"还可引申为"具有完美人格和高尚道德的人"，即"有美德的人"。

3."君子"的误会

春秋战国时期，"君子"一词已经有了这两个义项。因为这两个意义并存，也曾引起过误会。《左传》就记载了一个因对"君子"词义误解而导致战争失败的例子。"齐晋鞌（ān）之战"中，邴夏为齐国国君驾车在前面奔逃，后面是晋国贵族韩厥的战车在追赶。当时一般将士在战车上的排列次序是，地位高的人在左侧，韩厥是他的战车中地位最高的人，应该在左侧。但是前一天晚上，韩厥梦见父亲子舆告诉他不要站在战车的两侧，让他避开左右位置，于是韩厥就占据中间的位置，代替驾车者驾车。齐国的驾车者邴夏认出了中间的韩厥，他说："射其御者，君子也。"意思是说，射击那个中间驾车的人，他的官最大。当时齐侯把"君子"误解为"有美德的人"，于是说："谓之君子而射之，非礼也。"意思是说，称赞他为"有美德的人"，却还射击他，这是不合礼仪的。于是就没有射击中间的韩厥，而向他两边的人射击，结果韩厥追上了齐国国君的战车。这个故事说明，"君子"一词在当时有两个意义，即"有地位的高官"和"有美德的人"。

现在，"君子"的本义"有地位的高官"已不再使用，其引申义"有美德的人"成为常用义。

现代国家最高领导人一般通称为"元首"。"元首"一词为什么会有这个意思呢？这个意义与"元""首"两个字的意义有什么关系呢？

"元"字商代金文作 ![图]，像一个站立的人形侧面，突出其头部，本义就是"头"，或者说"脑袋"。"元"的这个意义在古代文献中比较常见，如《左传·僖公三十三年》："（先轸）免胄入狄师，死焉。狄人归其元，面如生。"意思是说，先轸没有带盔甲闯入狄人的战阵，战死在那里。狄人归还了他的头，结果他的面部跟活着时一样。其中"元"就是"头"的意思。

"首"字甲骨文作 ![图]，像人头形，上边是头发，本义也是"头"，如"俯首""昂首"中"首"都是"头"的意思。

"元"与"首"意义相同，可以组成并列式合成词"元首"，组合后产生新的意义"最高领导人"。

二 贵族、官员与平民

我们常听说"诸侯争霸"，什么是诸侯？要弄清这个问题，我们还要从"侯"字的形体谈起。

1. "侯"：射箭的靶子

"侯"字甲骨文作"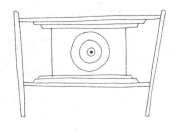"或""，由取象箭头的"矢"构件和"厂"（或呈倒形）构件组成，"厂"在这里表示什么呢？古代举行大射礼的时候，常用兽皮或布做靶子，"厂"就表示用兽皮或布做成的靶子。整个字形表现的是箭头射向靶子之形。因此，"侯"的本义就是射箭的靶子，如《诗经·齐风·猗嗟》："终日射侯，不出正兮。"其中"射侯"就是用箭射靶。

2. 由靶子到射箭高手

原始社会，人类既要抵御其他部落的侵犯，又要防范其他动物的侵扰，弓箭是非常重要的武器，而能一箭中靶既有实用价值，又具轰动效应，因此，那些擅长射箭的高手就被称作"侯"。

3. 以神射觅封侯

族群之中，那些射箭能手因为能保护众人，往往被推举为首领。"侯"逐渐引申为爵位名称，后来，"侯"字形体又增加了"人"的构件，小篆字形作""。从文献记载看，最初封侯是与射箭技术有密切关系的。如《礼记·射义》："故天子之大射，谓之射侯。射侯者，射为诸侯也。射中则得为诸侯，射不中则不得为诸侯。"意思是说，天子举行的大射礼，叫做射侯。射侯的意思就是因射箭而成为诸侯。射中靶子的，就可以封为侯，射不中靶子的就不能封为侯。

后来，诸侯成为古代中央政府所分封的各国国君的统称。周代时，诸侯分为公、侯、伯、子、男五等。根据史料记载，不同爵位的封地大小有明确规定，公、侯的封地为一百里，伯的封地为七十里，子、男的封地为五十里。周公摄政时，扩大了各等爵位的封地，变为：公的封地为五百里，侯的封地为四百里，伯的封地为三百里，子的封地为二百里，男的封地为一百里。

"保"字商代金文作""，像人背负着孩子之形，《尚书·召诰》"保抱携持厥妇子"中"保"就是"背负"的意思。"保"由"背负"又引申有"保护"的意思。后来，因辅佐大臣对王负有保护辅导的责任，于是也被称作"保"或"太保"。如：西周成王时，三公之一的召公奭（shì）就曾担任"太保"这个职务。

"傅"和"保"是同样古老的官职，又作"辅"。"辅"字以"车"为部首，本是指绑在车轮外用以增强车轮载重力的两根直木，由于它对车轮有辅助作用，因此引申有"辅助"的意思。作为官职，"辅"是在帝王左右辅佐帝王的大臣，后来为这种官职名称重新造了以"人"为部首的"傅"字。"傅"的本义也是"辅佐"。传说商代有一个叫傅说的人就做过商王武丁的丞相。因此，辅导君主的官称为"傅""相"，《周礼》把"太师""太傅""太保"称为"三公"，"三公"是当时朝廷中地位最为尊显的三种官职的合称。

"丞"字甲骨文作""，像一个人在陷阱中，上边两只手向上拽他，表示"救援，拯救"的意思。在字形演变过程中，陷阱形构件与人腿部线条合并讹变为形近的"山"，小篆字形作"丞"，后来字形又进一步简化，楷书字形变为"丞"。因"丞"字有"拯救，佐助"的意思，古代辅佐帝王、治理天下的高级官吏也称为"丞"。传说商周时期有所谓的"四辅"，其中之一就是"丞"。后来把最高行政长官叫做"丞相"。"丞"由"辅佐"义又引申为"佐官"，如汉代御史大夫的助手叫御史中丞，郡守之下有郡丞，县令之下有县丞。

　　"宰"字甲骨文作""，由"宀""辛"两个构件组成，"宀"表示房屋，"辛"表示古代的一种刀具。古代先民以宗族为单位祭祀先祖，以牛羊猪等作为祭品，祭祀之后，把用来祭祀的牛羊猪等分给本宗族的成员，以此表示接受先祖的福佑。因此，整个字形表示在屋内操刀切割牛羊等祭祀品。从文献看，直至汉朝，宰的重要职责之一还是操刀分祭肉。《汉书·陈平传》："里中社，平为宰，分肉食甚均。里父老曰：'善，陈孺子之为宰！'平曰：'嗟乎，使平得宰天下，亦如此肉矣！'"意思是说，陈平所在的里举行祭祀土地神活动时，陈平作宰，他分祭肉分得非常均衡。因此父老乡亲夸奖他做宰做得好。他回答说，如果让他做天下的宰，他也能做得非常好。显然，主刀切分祭祀品的人，不是随随便便指定的，而是本宗族内有一定威望的人，是宗族内辅助族长处理政务的管理者。因此，辅助王侯或大夫处理事务的最高官职被称作"宰"：辅助国君处理政务的最高官职被称作"宰相"，辅助大夫处理政务的最高官职被称作"家宰"。关于宰相职责，后来果真成为"天下之宰"的陈平有过总结："宰相者，上佐天子，理阴阳，顺四时，下遂万物之宜，外镇抚四夷诸侯，内亲附百姓，使卿大夫各得任其职也。"由于"宰"的最初职责是用刀切割牛羊等祭祀品，因此，"宰"又有"宰杀"之义。

　　"卿"字甲骨文作""，中间是装有食物的食器，两边是面对食器而坐的人，表示两人面对面共同进餐。它表示的是"乡人共食"的意象，是"飨"字的最初写法；也指"跟自己共同饮食的氏族聚落"，即"乡"的最初写法；还可以指共同饮食的氏族聚落中的"乡老"（因代表一乡而得名）。进入阶级社会后，"乡老"成为"乡"的长官，被称作"卿"，因此该字也是"卿"的最初写法。后来，有"九卿"之说，"九卿"是指古代中央政府的高级官员，皇帝有时称他们为"爱卿"。

　　"臣"字甲骨文作"　"，像眼睛竖立之形。当一个人低着头而眼睛向上看时，眼睛会呈这种竖立状。中国古代社会等级森严，臣仆奴隶在主人或上级面前只能低头表示顺从，不敢抬头正视自己的主人或上级，所以，他们看主人或上级时眼睛会呈竖立的样子。于是，造字时，用竖立的眼睛表示"臣"。作为国君的臣子，他的责任就是侍奉君主，因此，《说文解字》

把小篆""字说解为"事君也。象屈服之形"。

"牧"的甲骨文字形作"🐂"或"🐂"，像手拿棍棒驱赶牛羊之形，本义就是"放牧牲畜"，如"苏武牧羊"中"牧"就是这个意思。"牧"作为职官名称，最初指放养六畜的官，《列子·黄帝》"周宣王之牧正"，其中的"牧正"意思是"牧官之长"。"放牧牲畜"是对牲畜的管理，因此"牧"又引申为"管理者"的意思，《周礼》中司徒的属下就有"牧人"一职。传说舜时把天下分为十二州，设立州牧（一称州伯），"牧"在这里是管理者的意思，也就是各个州的行政长官。夏代天下分为九州，也有州牧，职能与舜时相同。到了商周两代，牧还是地方长官，季历就曾担任牧师。应该说明的是，这时的牧，并不在地方任职。《礼记·曲礼下》："九州之长，入天子之国，曰牧。"可见，牧是通常所说的八命之类的人物，出于地方，入朝辅佐天子，负责监察、监督诸侯。西汉后期，"牧"再次成为州一级长官的专称，即把职官名称"刺史"改为"州牧"。

"令"字甲骨文作"🔺"，上边的三角是"口"的变形，表示发出号令者，下边的构件像一个人跪着接受命令。本义就是"命令"。"令"作为官职，取义于发布命令的人。如：战国时，楚国最高行政长官称令尹，汉代有郎中令、尚书令、乐府令等官职。"县令"则自秦汉一直沿用至清，长达两千年之久。至今，司令仍是指军队中的长官。

"士"的金文字形作"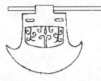"，像斧
子之形，斧子在上古社会不仅是对外
征伐的武器，也是对内行刑的工具，因
此，商周古文字中，斧钺形既用来记录

斧

最高军事统帅"王"，也用来记录古代掌管刑狱的官吏"士"。为了区别，
"士"字比"王"字少最上边的一横。后来"士"的意义发生引申变化，泛
指具有一定身份地位的特定社会阶层。战国时的"士"，有著书立说的学士，
有为知己者死的勇士，有懂阴阳历算的方士，有为人出谋划策的策士等。因
此，许慎在《说文解字》中把"士"字说解为"事也"。意思是说，"士"就
是善于做事的人。现代社会，"士"往往是对品德好、有学识或有技艺人的美
称，如"志士""勇士""谋士"等。

　　"工"字甲骨文作"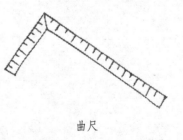"，像曲尺
之形，"曲尺"是工匠重要的劳动工具。古
人常常用某种身份或职业常用的工具来表
示该身份或职业。"曲尺"是工匠的常用工
具，因此用来表示"工匠"这种职业。"工"

曲尺

的本义就是"工匠，工人"。如"工欲善其事，必先利其器""木工""电工"
中的"工"都是该意义。

"男"字甲骨文作"男"，由"田""力"两个构件组成。"田"就是田地，"力"可不是"力气"，而是原始农业中一种掘土工具（"力"字甲骨文作"力"，字形中的短画像踏脚的横木），因此，甲骨文"男"字的意象就是用"力"这种农具耕田。用农具耕田的意象来表现"男"字，说明当时男子的主要职责是从事农业生产。后来，"力"这种农具被结构更复杂、效率更高的"耒"代替。随着"力"这种农具的历史使命结束，"力"的引申义"力量""力气"成为其常用义，而其本义渐渐淡出人们的视野。因此，许慎根据小篆字形对"男"的构意重新做出说解："男，丈夫也。从田从力。言男用力于田也。"此外，"男"还成为古代"公侯伯子男"五等爵位之一。

今天，一看到"妇"字，我们就会想到妇女。但在古代，"妇"可不是一般的妇女，她具有可以与鬼神沟通的特殊身份。在卜辞中，我们经常可以见"帚"字，写成楷书形式就是"帚"，字形取象是外形与麈尾（古代太监常常手持麈尾，表示特殊身份，麈尾也叫拂尘；道士和一些天神，也常常手持麈尾）、扫帚十分相似的"托魂树"。在先民看来，巫师可以用"托魂树"来接送鬼神，与鬼神沟通，因此，托魂树成为巫师身份的象征，"帚"在卜辞中指能够与祖先神直接沟通的巫觋（xí）。民俗中，巫

师通常由妇女来担任，即使偶有担任巫师的男性，也必须装扮成妇女形象，如东北亚和堪察加地区的男萨满主持宗教仪式时，常装扮成妇女摸样，平时也喜欢模仿女人的说话和举动。类似的男巫扮成女装的情况在《太平广记》及《中国风俗史》中都有详细记载。由于"巫术亦常是妇女的特权"，"帚"字逐渐演变为已婚女子的通称，并增加"女"旁补充构意。妇女在封建社会中，地位比较低下，按照"三纲五常"中的"三纲"，要"君为臣纲，父为子纲，夫为妻纲"，即要求为臣、为子、为妻的必须绝对服从于君、父、夫，这样，许慎就在《说文解字》中把"妇"字说解为"服也"。

三　奴隶

"仆"的甲骨文字形作"🌿"，像戴有头饰和尾饰，手捧畚箕做粗活贱活的人；"隶"的甲骨文字形作"🌿"，像一只手抓住尾巴，表示尾饰被抓住之人，指供人役使的奴隶。"仆""隶"的甲骨文字形都突出了尾饰，说明尾饰在古代是地位低贱的"仆""隶"的象征。为什么尾饰会成为"仆""隶"身份的象征？这是因为中原地区进入农业为主的社会以后，某些以狩猎为主要生产方式的边远少数民族地区，他们的服饰习惯与华夏民族有较大差别，有的民族习惯带有尾饰，这些带有尾饰的少数民族士兵在战争中成为俘虏之后，变为奴隶。后来，尾饰就成为丑陋、落后、不开化的标志，因此，造字者就以带有尾饰的人形作为"仆""隶"的象征。

"奚"的甲骨文字形作"",金文作"",小篆作"",下边的构件为正面人形,中间的构件像绳索,最上面的构件为手形,整字构意是一个人被绳索牵系,本义就是奴隶,主要指女奴。《周礼·天官·冢宰》:"酒人,奄十人,女酒三十人,奚三百人。"其中奚就是指女奴;"奚"在以后词语中也是奴隶的意思:"奚女"(婢女);"奚奴"(女奴。今泛指奴仆);"奚童"(奚僮,指未成年男仆);"奚隶"(男女奴隶)。

"民"的金文字形作"",像一尖锐之物刺向左眼之形。远古时期,俘虏成为奴隶时,常常刺瞎其左眼作为奴隶的标志。后来"民"成为社会最底层蒙昧无知的人的总称。《论语·泰伯》:"民可使由之,不可使知之。"《商君书·更法》:"民不可与虑始,而可与乐成。"意思是"民"愚昧无知,所以只需要让他们去做事,而不用让他们知道为什么这样做,不可与他们一起谋划事情。上古文献中"民"和"人"的区别很大,"民"一般都是被"愚""贱""顽""刁""奸"等带有贬义色彩的字修饰,构成"愚民""贱民""顽民""刁民""奸民",而不能被"贤""哲""圣""伟""能"等带有褒义色彩的字修饰,而"人"能接受这些字眼的修饰,比如"贤人""哲人""圣人""伟人""能人"。

第二章
从汉字看中国古代行政区划

现代中国社会的行政区划非常清楚，国家之下依次是省、市、县、镇（乡）、村等，这些名称大都是从古代传下来的。表示行政区划名称的这些用字最初表示什么意思？其字形之中包含哪些文化密码？本章从古文字入手，通过分析古代中国行政区划名称的典型用字"邦""国""家""州""县""镇""社""乡""村""里"等所包含的文化内涵及其意义变化，让读者对这些行政区划名称不仅知其然，而且知其所以然，从而大致了解古代中国社会的行政区划特点及变化。

一　邦国封地

　　从古至今，植树都是泽被后世的好事，今天多从环保考虑，而古代，除了环保之外，植树还有划定疆界的作用呢！甲骨文"邦"字作"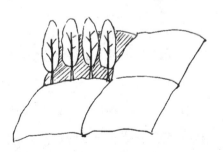"，像在田上植树之形，表示以植树作为划定疆界的标志。古代诸侯国称作"邦"，"邦"是"疆界内的封地"，后来又增加表示人群聚居地方的"邑"（简化为右"阝"）构件。这种以植树定疆界的习俗也流传到了今天。现代农村，不同村庄的土地往往以成行的树木或沟渠为界限。除此之外，这种习俗在其他汉字上也有反映。比如"封"字，本义就是划定疆界，它的甲骨文字形作""，像在土堆上植树之形，表示"堆土植树为界"，到西周时金文增加手形作""。

国

"国"的甲骨文字形作""，由"戈"和"囗"两个构件组成，"囗"表示一定的疆域，"戈"是武器，整个字形表示用武器守卫的疆域。后来，为了突出疆域特点，又在外边增加了一个"囗"构件，作"國"，简化为"国"。"国"在古代文言文中常用作"王、侯的封地"或"都城"，前者如"齐国""鲁国""诸侯国"，后者如范仲淹《岳阳楼记》"去国怀乡，忧谗畏讥"。现代汉语中，国的意思是有土地、人民、主权的政治实体。

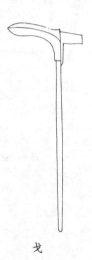

戈

家

"家"的甲骨文字形作""或""，像房屋内有猪之形，以房屋和猪表示拥有一定的私有财产的血缘团体，即"家庭"。在中国古代，"国"指诸侯统治的地方和疆域，"家"指卿大夫统治的地方和疆域。后来两者通称成为"国家"，现代汉语中的"国家"一词主要指

"国"。"国家"在不同地方、不同时间有不同的定义。在古希腊，国家是指城邦的意思。现代国家，一般包括三要素，即人口（居民），领土（疆域），主权（权力）。而"家"在现代主要指共同生活的眷属和他们所住的地方。

二　区划层级

　　"州"字甲骨文作"〲"或"〲"，像在宽阔的川流中有一块土地之形，表示水中可供居住的高地，也就是小岛。据史料记载，尧时华夏大地曾经历过洪水时期，当时"汤汤洪水滔天，浩浩怀山襄陵"，华夏大地淹没在洪水之中，只有高大的山峰能露出水面。大禹治水后，水位下降，逐渐露出越来越多的可供人居住的高地。后来大禹将它们划分为不同的行政区域，这就是九州，从此，华夏大地又被称为"九州"或"神州"。后来，表示水中高地的"州"字又增加"水"旁作"洲"。目前我们说地球上有七大洲的"洲"仍是水中可供居住的高地的意思；而"州"则主要作为行政区划名称，现代地名中带"州"字的地名主要来源于古代行政区划名称，如"杭州""广州""徐州"。

　　"县"的金文字形作"〲"，像人头被绳索系住悬挂在树上之形。本义

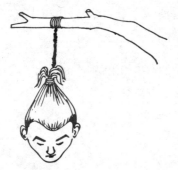

就是"悬挂"，读作"xuán"。"县"是如何成为行政区划单位呢？春秋时期，秦、晋、楚等强大的诸侯国，不断对弱小国家进行侵略、兼并，以扩大自己的疆域。他们为了壮大自己、削弱对手，往往采取"近交远攻"的策略，即与邻近国家交好，而对远方的国家施用武力。被兼并的远方诸侯国的领地，与他们原有的国土并不相互连接，像悬挂在远处一样，为了有利于对被兼并的边远地区的统治，他们把那些被兼并的地方设置为"县"。"县"与卿大夫的封邑不同，是直接隶属于国君的地方行政区域。春秋中期以后，设县的国家增多，有的在内地也设置了县，县开始成为地方行政组织。春秋末期，有的国家又在新得到的边远地区设置了郡。战国时期，产生了郡统辖县的两级地方行政组织。

"镇"字以"金"为部首，本义是"压物之器"，一般分有镇纸、镇席等。"镇"的历史源远流长，据考证，魏晋以前古人一般席地而坐，大都是坐在草席上。王室贵胄有低矮的床榻，上面也要铺席，这些席就需要用镇来压住边角。有的床上置帷帐，帷帐四角也常用镇来压住。"镇"由"压物之器"引申为"安定，安抚""压制，抑制"等意义。北魏时期，开始在重兵驻守的边塞地区设"镇"，后来，北边诸镇都改为州，唐代镇戍的权力减轻。唐末五代时期，节度使在自己的境内设镇，置镇使、镇将等，除管理和防御外，还向人民征收器甲粮饷，掌握地方实权。到宋初，为了加强中央集权，除人口众多、商业繁荣的镇以外，都将镇使、镇将罢免，把他们的权力收归知县。宋以后，称县以下的小商业都市为镇。现代社会，"镇"主要指县下设置的基层行政单位。

"社"字甲骨文作"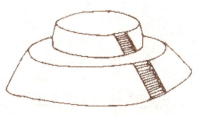"，像筑土为坛之形，本义就是土地神。因为土地十分广博，不可能每一处都去祭祀，于是筑一个土坛来代表土地神接受祭祀。造字时，就用土坛之形表示土地神。

用来祭祀土地神的土坛

"社"由土地神引申指"祭祀土地神的地方"。根据《礼记·祭法》记载："王为群姓立社曰大社，王自为立社曰王社，诸侯为百姓立社曰国社，诸侯自为立社曰侯社，大夫以下成群立社曰置社。"古代从天子到诸侯，凡是有土地者都可以立社，乡民也要成群立社。根据《周礼》记载，"二十五家为社，各树其土所宜之木"，意思是说，每二十五家要立有一个共同的社，显然，这些"社"都是指祭祀土地神的地方。

由于社坛周围要栽种上适宜的树木，后来为了突出"社"的这个特点及其神性，又增加了表义构件"示"和"木"，"社"字变作"禮"，小篆字形又省去"木"构件变作"社"。"社"由祭祀土地神的地方又引申为"祭祀土地神的活动"，如："社日""社戏""社火"。由于"祭祀土地神的活动"是群众参加的，因此"某些群众集体组织或国家机构"也称为"社"，如："合作社""公社""结社""报社""通讯社""出版社""社员"。其中"公""社"两字连用首先出现于《礼记·月令》"孟冬之月……天子乃祈来年于天宗，大割祠于公社及门闾"，这里的"公社"指的是以上公配祭的祭祀场所，也就是中国古代官家祭祀天地神鬼的处所。

后来，意义为"中古欧洲自治城镇组织"的英文单词commune用"公社"来翻译，于是"公社"一词有了自治城镇的意思，如：人类社会历史上最早阶段的社会组织，叫做原始公社；曾经在中国风行一时的政治经济合一的乡级组织，又叫"人民公社"（1958—1978）。

"乡"字甲骨文作""，中间是装有食物的食器，两边是面对食器而坐的人，表示两人面对面共同进餐。它表示的是"乡人共食"的意象，是"飨"字的最初写法；也指"跟自己共同饮食的氏族聚落"，因此也是"乡"的最初写法；还可以指共同饮食的氏族聚落中"乡老"（因代表一乡而得名）。进入阶级社会后，"乡老"成为"乡"的长官，后来称作"卿"。后来"乡"字引申为"基层行政区划名"，指县以下的农村基层行政单位，又泛指城市以外的地区。

"鄙"的甲骨文字形作""，上边的构件为"囗"，表示一定区域；下边的构件像仓廪之形。整个字表示仓廪所在之处，本义就是"郊野"。后又增加表示人群聚居地方的"邑"（即右"阝"）构件。"鄙"由"郊野"义引申指"边远的地方"，后来成为行政区划名称，根据《礼记·月令》"五家为邻，五邻为里，四里为酂，五酂为鄙"，一鄙大约包括五百家。

"村"字本作"邨"，由右"阝"和"屯"两个构件组成，其中右"阝"是"邑"的简化变形，表示人群聚居的地方；"屯"有聚集的意义特点。"邨"本义就是"聚落，村庄"的意思，后来写作"村"。"里"字由"田""土"两个构件组成，本义就是"乡村庐舍"，后泛指"乡村居民聚落"，又指"城邑的庐里、街坊"，今称巷弄。根据《周礼》，大约二十五家为一里，设有里长。

第三章
从汉字看古人的信仰世界

在中国古代先民的心目中，"万物有灵"，也就是天、地、山、川、草、木、石以及各种动物都有灵性，都可以成"神"，即自然神。人也可以修炼成仙，成神；死后则变成鬼。人死后变成的鬼神，就是祖先神。他们认为，人的一切都由各种神和鬼决定，因此做事之前往往向鬼神问卜，并通过祭祀寻求鬼神的福佑。本章通过分析相关古文字形，对古人的信仰世界进行大致勾勒，内容包括：古人判断吉凶的依据，对自然神和祖先神的祭祀，祭品种类、祭祀方式、对鬼和妖的态度以及古人心目中的圣人等。

一　判断吉凶的依据

先民对于事物的发展规律缺乏足够的认识，因而借由自然界的征兆来指示行动。但自然征兆并不常见，必须以人为的方式加以补充，占卜的方法便应运而生。中国古代占卜所用的材料主要是乌龟的腹甲和牛的肩胛骨。通常先在准备用来占卜的甲骨的背面挖出或钻出一些圆形和长形的小坑，这种小坑被甲骨学家分别称之为"钻""凿"。占卜的时候就在这些小坑上加热，使甲骨表面产生裂痕。

"卜"的甲骨文字形作"ㅏ"或"ㅓ"，像古代用龟甲或兽骨进行占卜

带有占卜征兆裂纹的兽骨

时所出现的兆纹之形，读音如裂纹的爆破声。本义就是"占卜"。这种裂痕也叫做"兆"，"兆"的小篆字形作"𣥂"，由"卜""兆"两个构件组成，"卜"是兆纹之形，"兆"也是兆纹之形，"兆"的本义就是"兆纹"。后来"兆"字的"卜"构件省略。兆纹是占卜者据以判断吉凶的依据，因此"兆"引申有事情发生之前的征候或迹象，即"征兆"。

"祸"的甲骨文字形作"𥝌"，外边的轮廓像一块肩胛骨，中间的"卜"表示该肩胛骨是用来占卜的卜骨，中间的另一长斜线是卜骨上出现的炸裂兆纹。古人大概认为这种炸裂兆纹是不吉利的征兆，于是用这种带有炸裂兆纹的卜骨表示灾祸。先民认为灾祸是上天或鬼神降下的，所以"祸"字又增加表义构件"示"。

"示"的甲骨文字形作"𥘅"或"丅"，像代表祖先灵魂或自然神托居之所的牌位，也叫神主。因这神主代表祖先灵魂或自然神，是人们祭祀或朝拜的对象。

后来"示"字发生演变，小篆字形作"示"，《说文解字》说解为："天垂象，见吉凶，所以示人也。从二（二，古文上字），三垂，日月星也。观乎天文以察时变，示，神事也。"也就是说，《说文解字》把小篆"示"字说解为"上天或鬼神显现出各种征兆，用来告诉世人吉凶祸福"，后来许多与祭祀或鬼神相关的字都增加"示"构件。

牌位

二　自然神崇拜

远古先民认为自然万物都有灵性，因而把天、地、日、月、星、山、石、海、湖、河、水、火、风、雨、雷、雪、云、虹等天体万物及自然变化现象都看作崇拜和祭祀的对象。

"神"字金文最早作""，像电耀屈折激射之形，即像闪电之形。"神"的本义就是天神。天神与闪电有什么联系呢？古人造字时为什么用闪电之形表示天神呢？原来，古人对于闪电这种自然现象感到神秘，认为是由天神所主宰，或者是天神的化身，所以，闪电这种自然现象成为古人崇拜和祭祀的对象——代表天神，即天地万物的创造者或主宰者。后来，"申"（""的楷书写法）又被假借作干支用字，于是"神"字又增加表义构件"示"。

"社"甲骨文字形作""，像筑土为坛之形，本义就是土地神。因为土地承载万物，生养万物，养育百姓，所以中国人历来尊天而亲地。但是土地十分广博，不可能每一处都去祭祀，

用来祭祀土地神的土坛

于是筑土坛来代表土地神接受祭祀。《礼记·祭法》："王为群姓立社曰大社，王自为立社曰王社，诸侯为百姓立社曰国社，诸侯自为立社曰侯社，大夫以下成群立社曰置社。"可见当时祭祀土地神已有等级之分。汉武帝时将"后土皇地祇"奉为总司土地的最高神，各地仍祀本处土地神。后来为了突出它的神性，又增加表义构件"示"。从"社"字形体可以看出，土地神是远古先民崇拜和祭祀的对象。

最初相传的社神有两个：一是句龙。《左传·昭公二十九年》"共工氏有子曰句龙为后土。"《礼记·祭法》记载："共工氏之霸九州也，其子曰后土，能平九州，故祀以为社。"一是禹，传说他勤劳天下，死后托祀于后土之神。东晋以后，民间以生前行善或廉正之官吏为土地神，且各地均有土地神。

"稷"字《说文解字》古文作"稷"，左边的构件是"禾"，右边的构件像突出大头的人形，整字构意就是五谷之神。为了突出它的神性，后来变作以"示"为部首的"禩"，最后统一作"稷"。古时候君主为了祈求国事太平，五谷丰登，每年都要到郊外祭祀土地神和五谷之神。可见，五谷之神是古人崇拜和祭祀的对象。社稷坛就是这种用来祭祀土地神和五谷之神的地方。后来，人们就用"社稷"来代表国家。"社稷之忧""社稷之患""社稷之危"中的"社稷"都指的是"国家"。这个代称现代白话文已经很少用了。

三　祖先神崇拜

　　"祖"的甲骨文字形作""，像神主之形。神主是古时候为去世的先祖做的牌位，为后人供奉。古代人认为，人死后灵魂不灭，灵魂具有超自然力量，有能力保护本氏族成员，因此在原始社会的氏族公社时期，就出现了祖先神崇拜。直到今天，祭拜祖先仍是中国民间的传统习俗，人们通过敬祀仪式，来表达对祖先的缅怀，同时又祈望祖先能庇佑子孙，福荫后代。可见，祖先神是古代崇拜祭祀的对象。

　　"宗"字甲骨文作""，由内外两个构件组成，外边的构件表示房屋，里边的构件表示神主（或叫牌位）；整字用在房屋之中立祖先牌位，表示祭祀祖先的地方。可见，"宗"字形体说明古代先民具有崇拜和祭祀祖先神的习俗。

　　"帝"字甲骨文作""。如前所述，古代祭祀时，往往把一种特定的茅草捆扎成类似人的形状，祭祀时把酒倒在上面，先民看到酒渗入其中，就感觉祭祀对象已经享用了这些酒，这种仪式叫做"缩酒"。由于扎成人形的茅草代表鬼神享受祭祀，因此，造字时就用这种扎成人形的茅草表现祭祀对象。在早期卜辞中，"帝"主要用来指自然界的神灵，同人无任何亲戚关系；武丁以后，"帝"开始包括商王的先祖。从文献用例看，传说中的"五帝"是对为华夏民族做出杰出贡献的先祖的称谓。总之，"帝"字形体说明，祖先神是古代先民的祭祀对象。

四　祭品种类

"福"的甲骨文字形作""，像两手捧酒樽在神主前祭拜，表示祭祀祈福，本义就是"福佑"。从字形看，祭祀用品为"酒"。同样，"奠"字甲骨文作"　"或"　"，像把酒樽放在神前祭祀，祭品也是酒。

"礼"字甲骨文作"　"，由"　"和"　"两个构件组成，"　"像鼓形，"　"像两串玉形。古代祭祀礼仪中，玉帛和钟鼓是重要代表物，因此以"玉"和"鼓"组合表示古代祭祀的"礼"。后来由于字形演变，字形理据逐渐丧失，于是增加表义构件"示"，《说文解字》说解为"履也，所以事神致福也"。也就是说，"礼"的本义是"祭神以致福的仪式"。由此本义引申有"礼仪"等意义。"礼"字形体说明玉器和乐器"鼓"也是古代祭祀用品。

牲	牷	牺

　　古代的祭祀礼仪有严格的程序，对祭祀用品的要求也很高。首先要求所选之牛身体完备，不能有任何缺陷，这可以从古人对"牲"的说解得到证明。许慎在《说文解字》中把"牲"解释为"牛完全"；朱骏声《说文通训定声》进一步说明："《周礼·庖人》注：'始养之曰畜，将用之曰牲。'是牲者，祭祀用牛也。"也就是说，只有选定祭祀的吉日后，才将用于献祭的牛改名为"牲"。祭祀用的牛是根据占卜结果选择的，如果所选之牛身体有缺陷，则不能用作牺牲。《左传》记载，鲁宣公三年，"郊牛之口伤，改卜牛，牛死，乃不郊"，这里的"郊"就是指祭天，意思是，准备用来祭天用的牛口部受到损伤，就不用它了，于是通过占卜重新选择，结果重新选择的牛又死了，因此就放弃了这次祭祀活动。同样，鲁成公七年春时，准备用来郊祀的牛角被鼷鼠啃噬，于是改换别的牛，结果"鼷鼠又食其角，乃免牛……不郊"，不但免牲不用，连祭天的郊祀也放弃了。由此可知牛的完整对于祭祀的重要性。

　　祭祀用牲不仅要身体完整，还要毛色纯正，这可从"牷""牺"二字及其释义得到证明。《说文解字》把"牷"说解为"牛纯色"，即供祭祀用的颜色纯一的牛。"牺"的本义也是毛色纯一的牛。不同时代所崇尚的颜色不同，夏代崇尚黑色，殷商崇尚白色，西周崇尚赤色，秦崇尚黑色，因此不同时代祭祀用牛的颜色也随之不同。《史记·仲尼弟子列传》记载，冉雍的父亲地位低贱且品行不端，而冉雍本人却是被孔子视为"可使南面"，即宜于做官的人。孔子曾对冉雍说："犁牛之子，骍且角，虽欲勿用，山川其舍诸？"孔子在这里以耕牛所产的小牛作比喻，意思是说，虽然是够不上做牺牲的牛所产的小牛，只要长了一身漂亮而高贵的红毛，一对周正的角，还是可以做牺牲的。意思是说冉雍虽然出身低贱，但只要他有做官的才能，还是可以做官的。其中"骍"是赤色，周代崇尚赤色，因此祭祀选用赤色的牛。可见，只有十分完美的牛才有资格作牺牲。

　　由于古人对用于祭祀的牲畜的身体和毛色高标准、严要求，因此用于祭祀的牺牲，往往经过特殊的饲养，所谓"衣以文绣，食以刍菽"，意思是身上披着带有花纹的丝织品，吃着最精细的饲料，这可是牲畜的"贵族"生活。这种经过特殊饲养的用于牺牲的动物，又称作"牢"，如"太牢""少牢"。"牢"在殷商时期的字形异体繁多，有的从牛作"🐂"，有的从羊作"🐑"，有的从马作"🐎"，另一构件像平地上围成的圈栏；整字表示用圈栏畜养牲畜。该字在甲骨卜辞中的意义主要是用来祭祀的牲畜，也就是牺牲。作为牺牲，用"牢"要比"牛"隆重。

　　"祭"字甲骨文作"🔪"，像以手持肉之形，旁边的小点儿像血滴，本义是"残杀"。《大戴礼记·夏小正》《礼记·月令》都有"獭祭鱼""豺祭兽"，其中"祭"就是"残杀"。古代祭祖是要杀牲的，也就是说"祭祀"与"残杀"之义相通，因此，"祭"又有"祭祀"义，由于古人非常重视祭祀，"祭祀"义成为它的常用义。为了突显"祭"的这个义项，从西周金文起，"祭"字就增加了表义构件"示"。从"祭"古文字形及其用法可以看出，古代用来祭祀时，往往要将用来祭祀的牲畜剖杀，然后再拿其肉祭祀。

"孟"字商代金文作""，像一个小孩在器皿中之形，其中的小孩可不是在洗澡，而是被杀后成了别人的食物。这种解释今天听来非常可怕，简直不可理解。可是根据文献记载，远古时期确实有过杀死并分吃第一个孩子的习俗，这样做的原因是为了"宜弟"，也就是可以使弟弟得到保佑。古人为什么会这样做呢？这是由当时的宗教观念与祭祀习俗决定的。先民为了平安地保有、食用自己的收获，并在第二年继续得到新的收获，要将第一批收获献给鬼神。献出第一个孩子当然也是为了以后能得到更多的孩子，并使他们能够平安地生长，也就是"宜弟"。同时，人们认为吃献祭过的食物能够得到赐福，所以祭祀后有"归胙""归福"之事，即把献祭过的酒肉送给有关的人吃。所以，古人不仅要杀掉第一个孩子，而且还要分给众人吃。"孟"字本义是"长也"，也就是"第一个孩子"的意思，先民造字时用被杀死并被分吃的孩子意象来表现这个意义，使这种习俗在古文字形体中留下痕迹。可见，远古先民的第一个孩子往往也作祭祀用品。

"彝"字甲骨文作""，像人的双手被反绑在背后，而且捆绑手的地方有绳索扎住，人颈上没有人头，有些金文字形旁边还有淋漓的数点，表示溅出的鲜血；下边的双手，表示进献的意思。因此，"彝"字像双手进献被砍掉头颅、反绑两手的俘馘（guó）之形，它的本义就是屠杀俘虏作为牺牲而献祭祖宗，即杀人祭祀。"彝"在卜辞中的意义主要是杀人祭祀。

"炆"字甲骨文作""，像以火焚人之形。殷商时期，有焚人求雨的习俗。《吕氏春秋·顺民》："昔者汤克夏而正天下，天大旱，五年不收，汤乃以身祷于桑林……于是剪其发，䰘其手，以身为牺牲，用祈福于上帝。"意思是说，商汤战胜夏桀夺取天下以后，赶上五年大旱，于是商汤到桑林中去祈祷……并准备以自身做祭祀的牺牲品，向上天祈祷求福。这种以人为牺牲的风俗，在春秋时代，似乎还未绝迹，如《左传·僖公二十一年》"夏大旱，公欲焚巫尪"，便是焚人求雨的例子。"炆"在卜辞中的意义是一种祈雨之祭。

"煣"字甲骨文作""，像把人牲放到火上之形，取象于远古天旱时焚人牲求雨的习俗。"煣"在卜辞中的用法就是一种求雨祭祀。

"彝""炆""煣"的本义都是以人为牺牲的祭祀，卜辞中这些字的本义还在使用，说明以人为牺牲的祭祀方式当时还比较常见，这一点传世文献中也有记载。随着人类文明的进步，以人为牺牲的祭祀方式大量减少，不再是常见的祭祀方式，因此，这些以人为牺牲的祭祀专用语词的本义使用频率越来越低。

五　祭祀方式

"祀"字甲骨文作"㠯"，取象于代表祖先接受祭祀的小孩；西周金文作"𢀛"，取象于主祭的大人，都表示祭祖之事。后来增加表义构件"示"，小篆字形作"祀"和"禩"。隶书以后，笔画较少的"祀"字成为规范字形。从这些古字形可以看出，古人祭祀，不仅有主持祭祀的人，还要用一个小孩代表祖先神接受祭祀。这个代表祖先接受祭祀的人，被称作"尸"，一般由死者的臣下或晚辈来充任。"尸"字西周金文作"㇆"或"㇊"，像下肢弯曲的人形，这大概是"尸"代替先祖接受祭祀时的姿势。由于"尸"只是代表先祖接受祭祀，后来用"尸"比喻坐享俸禄，不干实事。"尸位"的意思是空占职位，不尽职守。如《尚书·五子之歌》："太康尸位，以逸豫灭厥德。"后来"尸位"与"素餐"连用，比喻空占着职位而不做事，白吃饭。

"祝"的甲骨文字形作"𥛱"或"𥛰"，像人跪祷之形，本义就是"祭祀时主管祭礼的人"。后来该字形与取象站立人形的"兄"字混同，为了区别，增加表义构件"示"。从这个字形可以看出，古代祭祀不仅要为鬼神提供各种祭品，祭祀者还要把自己祈求的内容告诉鬼神。

"埋"字甲骨文作"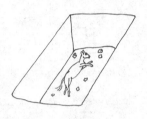"或"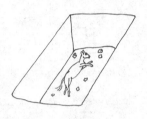"或"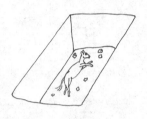"，外边的构件像挖地而成的坑穴，里边的构件依次像牛、羊、犬，坑穴内的小点表示水或土，整字表示把祭祀用的牺牲埋在坑穴之中，这是古代埋牲祭祀山川的方式，也是"埋"在卜辞中的主要用法。"埋"字后来引申为"掩埋"，如"埋葬""埋藏"等。

"沉"字甲骨文作""或""，像把牛或羊沉到水中，还有的作""，像把牢（即经过精心饲养的牺牲）沉到水中，表示用牛羊等祭祀川泽，在卜辞中的意义主要是沉牛羊以祭，由此引申为"沉没"的意思。

"宜"的甲骨文字形作""，像把肉陈列在俎上之形，表示用肉祭祀。《周礼·春官·宗伯》"宜于社，造于祖"中"宜"就是这种祭祀方式。由于祭祀鬼神的目的是为了祈求平安福佑，因此"宜"引申有"所安也"的意思。《诗经·桃夭》"之子于归，宜其室家"中"宜"

就是"安"的意思。

"雩"（yú）字甲骨文作"🐦"，小篆作"雩"或"䨒"，《说文解字》说解为："夏祭，乐于赤帝，以祈甘雨也。从雨于声。䨒，或从羽。雩，羽舞也。"意思是，雩是古代求雨祭祀，雩祭在夏季举行，祭祀对象是赤帝，祭祀方式用舞蹈娱神。两个小篆字形一个以"雨"为部首，表示求雨祭祀；一个以"羽"为部首，表示用羽舞使雨神精神愉悦，以达到求雨的目的。

古代祭祀礼仪中，不仅要为鬼神提供饮食，还要用音乐、歌舞等娱神，因此，祭祀时常常伴有音乐和歌舞。"礼"字甲骨文作"🥁"，由"🥁"和"🎋"两个构件组成，"🥁"像鼓形，"🎋"像两串玉形。"玉"在古人心目中具有灵性，因此，常用作祭品；"🥁"像鼓形，"礼"字形体中包含鼓形构件，说明古代祭祀过程中，常常用钟鼓奏乐，以使鬼神精神愉悦。

六　对鬼和妖的态度

世界上并没有鬼和妖，而都是人们想象出来的。但在先民心目中，鬼和妖是存在的，而且能够给人们带来福祸，因此他们对此十分敬畏，常常对它们进行祭祀。鬼和妖在人们心目中的形象和地位又是不同的，这可以从一些古文字形体中看出端倪。

"鬼"的甲骨文字形是"![甲骨文]",可以看出,古人心目中,鬼的形象是大头人身形。《说文解字》把"鬼"说解为"人所归为鬼",意思是说,鬼是人死后离开形体而存在的精灵。鬼在古人心目中十分丑陋可怕,如"丑"字繁体字形作"醜",以"鬼"为部首。

"畏"的甲骨文字形作"![甲骨文]",右边的大头人身形,表示鬼;整字像鬼持杖形,表示可怕之义。可见,对于丑陋可憎的鬼,人们是十分惧怕的。因此,人们常常对鬼进行祭祀,主要是祈求野鬼不要带来祸害,或者祈求祖先鬼魂带来福佑。

"妖"的小篆字形作"![小篆]",以"示"为部首,《说文解字》说解为"地反物为妖",也就是说,"妖"指一切反常的东西或现象。而在一切反常的事物中,往往隐藏灾祸和失败。

一般说来,妖是由草木、动物等变成的精灵,主要由动植物修炼而成,具有人形或近似人形,有一定法力,白天夜间均可活动,通常会对人有一定危害性。需要特别指出的是,在传说中,动植物们在修炼过程中如果一心向善悟道的话,是有可能修炼成仙的,如果修炼失败或未遇名师指点或自行向恶的方向发展,才会成为妖。比如孙悟空,由于是猴子修道,在学会七十二变掌握一定的法力后,得不到天庭的承认,只好沦为妖。后来上天供职,太白金星在通报的时候仍然称为"妖仙孙悟空觐见",仙是尊称,妖才是他的性质,说明天庭一向是看不起这些妖的。

七　人们心目中的圣人

　　"圣"的甲骨文字形作"🧏"，像一个侧面站立的人形，突出巨大的耳朵，旁边有一个口，表示听闻广博，无所不通，无所不晓。

　　"圣"的这个意义在文献中有很多用例。根据《国语·鲁语》记载，吴国攻下越国会稽后，在会稽获得了特别巨大的人骨。吴国的国君派使者向孔子咨询这是怎么回事。孔子告诉他，大禹治水时，曾召集各部落首领到会稽山议事，防风氏迟到，大禹下令杀死他，他的骨节特别长，相当于当时车厢的长度。使者又问孔子，防风氏是哪个部落的首领，孔子说，他是"汪芒氏之君也，守封、嵎之山者也，为漆姓。在虞、夏、商为汪芒氏，于周为长狄，今为大人"。使者又问：人的身高极限是多少？孔子回答说，最矮的是僬侥氏，身高只有三尺，最高的是他的十倍，也就是身高三十尺。使者不禁慨叹，孔子真是圣人啊！显然，使者慨叹说孔子是圣人的原因，是孔子知识十分广博，无所不通，无所不晓。因此，这里"圣人"的意思就是与字形相切合的本义。同样，《论语·子罕》："太宰问于子贡曰：'夫子圣者与？何其多能也？'"太宰判断孔子为"圣者"的根据是孔子"多能"，也就是懂得多，会得多。在"执竿入城"这则笑话中，那位自作聪明的老人说"吾非圣人，但所见多耳"，也是把见多识广与"圣人"相联系。这说明当时"圣"的主要内涵和判断标准是"知识广博，无所不通"。

　　在此基础上，"圣"又引申有"精通一事，对某门学问、技艺有特高成就的人"的意义，如"画圣""棋圣""诗圣"等。

随着人们对孔子推崇程度的不断提高，"圣人"的含义逐渐发生转移。"圣人"由侧重对人们知识能力方面的评价变为侧重对人的道德方面的评价，而指知行完备、至善之人，也就是指"德才兼备"的人。

第四章

从汉字看中国古代礼俗

汉字是据义构形的表意文字。这个特点不仅使造字时期的许多文化现象封存在字形之中，而且历史文化的变迁也在汉字形体中留下种种踪迹。因此说，汉字，尤其是古文字，就像一块块封存着丰富文化的化石，可以作为探讨中国古代文化的重要线索。本章通过相关古文字形体的解析，对中国传统的重要礼俗——婚嫁风俗和丧葬风俗的嬗变轨迹进行了勾勒，同时对于其他一些礼俗也进行了简单介绍。

一　古代婚俗

　　"姓"字甲骨文作"𡉚"，左边的构件为"生"，右边的构件为"女"；西周金文中，有的"姓"字作"𡉚"，像草木从土中生长出来，楷化写作"生"，有的作"𡉚"，由"人"和"生"两个构件组成，也有的由"女"和"生"两个构件组成；小篆以后，"姓"字都由"女"和"生"两个构件组成。《说文解字》把"姓"字说解为："人所生也。古之神圣母，感天而生子，故称天子。从女，从生，生亦声。《春秋传》曰：'天子因生以赐姓。'"从这段话我们可以知道：古代的姓，并不像现在一样，跟父亲的相同；最初的姓来源于他们居住的村落，或者所属的部族名称。古代的神圣之人，传说是他们的母亲与上天发生感应而生下的，所以称为天子。夏、商到西周，"姓"权逐渐归天子所有。这一时期，只有有封地和官爵的贵族才配有姓权，而庶民则是有名无姓。因此，这一时期，"百姓"一词主要是用来表示贵族或百官。

在母系社会中，群婚制的特点是人们只知道自己的母亲是谁，而不知道自己的父亲是谁，因此出生之后只能随母亲的姓。"姓"字以"女"为部首，这是母系社会文化的遗存和表现，在母系社会中，人们以母为尊，最初表示姓的字大多以"女"为部首，如"姜""姬""姚""嬴"等。又如本书开头所述，表示最高权力拥有者的"后"字，最初就是来源于妇女生小孩的意象。可见，女性的地位非常高。后来，"姓"成为辨别不同氏族血缘的依据，从而成为决定婚姻的一个重要依据：同姓的男女不可以通婚，主要是怕对生育后代不利。这说明我们华夏先民很早就发现近亲通婚对后代不利。

原始群居生活慢慢地形成了一个个族团，每个族团都有自己的首领及自己族内的生活方式和婚姻形式。在此背景之下，便产生了血族婚制。血族婚最初的形式为族内互婚，禁止与外族通婚，目的是保证血缘的纯正，甚至产生了"兄妹婚"。《搜神记》云："（高辛氏）乃令少女从盘瓠……盖经三年，产六男六女，盘瓠死后，自相配偶，因为婚姻。"直系通婚必会使后代的成活率不高，慢慢地人们意识到"男女同姓，其生不蕃"。于是渐渐地族与族之间通婚，有的两个族之间还世代互婚，也就是俗称的"交换婚"，也叫"族团互婚"。关于这一婚俗，我们可从"姑""舅"的原始称谓上得到印证。

在现代人的观念里，"舅"是对母亲的兄弟的称谓，"姑"是对父亲的姐妹的称谓。但在古代，"舅"除了指母亲的兄弟，也是儿媳妇对公公的称呼（《尔雅·释亲》"妇称夫之父曰舅"），还是女婿对岳父的称呼；"姑"除了指父亲的姐妹，也是儿媳妇对婆婆的称呼（《尔雅·释亲》"妇称夫之母曰姑"），还是女婿对岳母的称呼。也就是说，"舅""姑"在古代是"一名三用"的。这说明，在古代中国，曾经有过这样一种亲属关系：一个男人的岳父往往是自己的舅舅，或者岳母是自己的姑姑；而对于一个女人来说，公公就是自己的舅舅，或者婆婆是自己的姑姑。这种现象是远古交换婚的结果，其关系可以用下图表示：

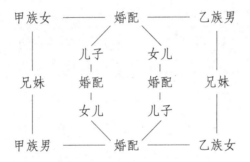

"媵"婚制可以看做远古伙婚制的演变，这种婚姻制度直至妻从夫居成为婚姻的稳固形式之后，仍在相当长的时期内存在。"媵"字以"女"为部首，《仪礼·士昏礼》把它解释为"送也，谓女从者也"。汉代郑玄说："古者嫁女必侄娣从，谓之媵。侄，兄之子；娣，女弟也。"可见，媵的特点是，出嫁者的妹妹、侄女同时随嫁到男方，实际就是姊妹或姑侄同时共嫁的性质。《史记·五帝本纪》记载尧"以二女妻舜以观其内，使九男与处以观其外"，其中"以二女妻舜"就是把他的两个女儿都嫁给舜，这可以看作当时媵婚的习俗。到了西周时期，媵婚成了当时贵族阶层普遍实施的一种婚姻形式。《春秋公羊传·庄公十九年》："媵者何？诸侯娶一国，则二国往媵之，以侄娣从。"意思是说，诸侯娶一国之女为妻（即嫡妻），女方以"侄"或"娣"随同出嫁，同时还有两个和女方同姓侯国的女儿陪嫁，也各以侄或娣相从。可见，"媵"又不同于伙婚，它是一个男子与另一族群的几个女子的群婚。

在母系氏族向父系氏族过渡时期，出现了一种特殊的婚姻形式——对偶婚。在这种婚俗中，无论男女都不能在本氏族中找配偶，而必须到另一个氏族中去找，即实行族外婚，而且男子必须嫁到女方氏族去。这种婚姻形式在古文字、文献和民俗中都有所反映。

"室"字由"宀"和"至"两个构件组成，"至"的甲骨文字形作"[图]"。像箭射到地面之形，表示来到之义；"室"与"至"同源，表示夜晚要去的地方，即住处。夜访婚俗中，婚龄男子在自己的氏族中，没有专门的住处，晚上要住到女方，也就是说，女人所在之地是男人夜晚的住处，于是"室"引申有"男子的配偶"义。同样，"家"字甲骨文作"[图]"或"[图]"，第一个字形由表示房屋形的"宀"和取象公猪形的"[图]"组成，"[图]"后来作"豭"。"家"与"豭"同源，由于在远古男子夜访的对偶婚俗中，婚龄男子在自己的氏族中没有专门的住处，晚上都要住到女方，充当的就是类似"豭"的角色。因此，"家"在先秦文献中常用来表示女子的配偶，即男子。如《左传·桓公十八年》："女有家，男有室，无相渎也，谓之有礼。"其中"家"和"室"分别指女子的配偶（即男子）和男子的配偶（即女子）。

纳西族的走访婚，就是这种夫从妻居的对偶婚。根据辛立《男女·夫妻·家国》一书记载："在纳西族的整个住宅布局中，后室是一座大房子，是合家族共同消费和举行各种家族活动的地方。前宅是客房，两侧既有客室，也有用来储存东西的厢房。客房是已婚妇女同自己的男阿柱（男朋友）偶居的地方。她们实行对偶婚制，成年男子白天在自己家族中劳动，同自己的家族一起生活，晚上到女阿柱家过夜，所生子女归女。"陕西临潼姜寨仰韶文化遗址中，发掘出完整的村落布局、氏族公共墓地、窑场等文化遗存。其村落布局与纳西族的整个住宅布局十分相似，这说明仰韶文化时期，实行的是与纳西族走访婚相似的夫从妻居的对偶婚。

"娶妻"在先秦文献中，有时也作"取妻"。"取"字小篆字形作"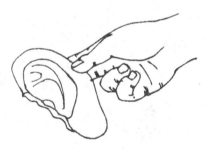"，《说文解字》说解为："捕取也。从又从耳。《周礼》：'获者取左耳。'《司马法》曰：'载献聝。'聝者，耳也。"意思是说，"取"的本义就是"捕取"，字形由"又"（像手形）和"耳"两个构件组成。根据文献记载，古代战争中要把自己所杀或所俘敌人的左耳朵割下来，献上去，作为战士所立战功的依据。"妻"字甲骨文作""，像以手掳掠长发女子之形，这是父系社会初期，女子不情愿嫁到男家时，男子掳掠妇女以为配偶之俗的反映。所以，"取妻"本来是掳掠妇女做配偶的意思。随着父权制日益巩固，妇从夫居成为公众普遍接受的习俗，抢掠婚现象早已从人们的现实生活中消失。语词"妻"与"掳掠女子"之间不再有联系，其基本意义变为男子的配偶。"取"的"捕取"义也不再适用于该词，于是为意义改变后的"取"的书写形式增加表义构件"女"，重造"娶"字专门表达这个意义。

"婚"在先秦文献中写作"昏"，《说文解字》把"婚"字解释为："妇家（嫁）也。《礼》：娶妇以昏时，妇人阴也，故曰婚。从女从昏，昏亦声。"意思是说，古代迎亲时间在晚上，因此"婚"字中的"昏"构件不仅有示音功能，还有表义功能。迎亲时间为什么在晚上呢？梁启超对《周易·屯卦》中"匪寇，婚媾"的解释给出了答案，他说："夫寇与婚媾，截然二事也，何至相混？得无古代婚媾所取手段，与寇无大异也？"意思是说，抢劫与娶亲是两件截然不同的事，为什么会混淆呢？大概是因为当时娶亲的手段与抢劫十分相似吧。可见，华夏初民确有过掠夺婚时代，掠夺婚后世就演变为许多民族婚礼中的假抢婚，如我国傣族、傈僳族等少数民族都有抢婚的习俗。哈尼族"鞭打迎亲人"的风俗，则可以看作反抗抢掠婚的遗风。

"弃"字甲骨文作""，就像一幅弃子风俗图，整个字形像双手将簸箕中的小孩子丢弃之状。据文献记载，周始祖后稷、周幽王后褒姒、徐偃王、齐顷公无野、楚令尹子文、宋芮司徒女、乌孙王昆莫等都有出生后被遗弃的经历。后世对于后稷被弃的原因也多有探讨，江藩认为"谓姜嫄无人道生子，恐人之议己，以为上帝所生，弃之以显其神异，然后收养，以解众惑"，意思是说，后稷的母亲姜嫄恐怕别人议论她生孩子这件事，就说孩子是上帝所生，并且故意把孩子丢弃以显示这孩子的神异，然后再收养，以便让众人不再怀疑这件事。

刘盼遂在《天问校笺》中指出，因为古代夫妇制度未定，"妻生首子时，则夫往往疑其挟他种而来，妒嫉实甚，故有杀首子之风"。意思是说，由于当时夫妇制度还没有特别稳固，男子对于自己的第一个孩子的血统产生怀疑，恐怕孩子不是自己亲生的，因此，形成把妻子所生第一个孩子杀掉的风俗。这种现象发生于"只知其母不知其父"的母系社会向父系社会过渡的大变革时代，也是婚姻制度由群婚制向一夫一妻（或一夫多妻）制过渡的时代。

父权时代的一夫多妻（妾）制，是由一个男子与若干女子结婚而建立的。这若干女子中往往只有一个称为正妻，其余则为副妻或妾。前文提到的"媵"婚制中的"侄娣"就属于副妻或妾。妻的地位高于妾。《说文解字》把演变后的小篆"妻"字说解为"妇与夫齐者也"，正是相对媵妾而言。封建统治者为了维护其正统观念，用法律的形式保护正妻的地位。《左传·桓公十八年》："并后（妾如后）、匹嫡（庶如嫡）、两政、耦国，乱之本也。"《唐律·户婚》："诸有妻更娶者，徒一年，女家减一等，若欺妄而娶者，徒一年半，女家不坐，各离之。"宋《刑统》规定与唐相同，元、明、清也都有类似的规定。可见，儒家在强调男子主导地位和女子服从地位的同时，倡导"妻者齐也""与夫齐体""同尊卑"等夫妻平等、互敬互爱的观念。

《说文解字》把"姻"字说解为："婿家也。女之所因，故曰姻。从女从因，因亦声。"《白虎通》："妇人因夫而成，故曰因。""因"字有凭借、依靠的意思。显然，不论是"女之所因"还是"妇人因夫而成"，都可说明在婚姻关系中女子对男子的依靠，女子已经丧失了独立的社会地位，她们被看作传宗接代的工具，只能在家里料理家务。

宋代开始出现"息妇"一词，"息"字由"自""心"两个构件组成，"自"甲骨文字形作""，像鼻子之形；"心"就是心脏，心脏与鼻子都是呼吸器官，因此《说文解字》把"息"说解为"喘也"，本义就是喘息、呼吸，引申有生长、繁殖、增长等意义。由"生长、繁殖"义引申为"子息，儿子"的意思，"贱息"的"息"就是儿子的意思。不难理解，"息妇"的字面意思就是儿媳妇。因此《辞源》把"息妇"解释为"子妇"。在男人眼里，无论媳妇还是儿媳妇，其传宗接代的作用都是一样的，所以，"息妇"由"儿媳妇"的意义引申指"自己的妻子"。这种演变，清楚地表明了女子在婚姻中的从属地位。

后来，"息"的"子息"意义逐渐弱化，于是"息"字受到"妇"字的影响，也增加"女"作"媳"。如前所述，"妇"的甲骨文字形作""，本来指能够与鬼神沟通的神职人员，后来引申指已婚妇女，《说文解字》把小篆"妇"字解释为"服也，从女持帚洒扫也"，可见，在儒家看来，妇女必须服从男子，主要职能是在家里料理家务。宋代是特别强调封建伦理道德的时期，程朱理学强调男尊女卑，把对妇女的歧视也推向了高峰。

当妻从夫居成为婚姻的稳固形式之后，从妻而居的男子则受到严重歧视，他们被称为赘婿。"赘"字《说文解字》释为"以物质钱"，意思是用抵押品换钱，或者指抵押品。秦国在商鞅执政时，要求百姓"家富子壮则出分，家贫子壮则出赘"。意思是，家庭富裕的话，儿子大了就另立门户，分家单过；家庭贫穷的话，儿子大了就要到女方家做上门女婿。也就是说，那些因家庭贫困而没有能力交付聘礼的人，只能到女方家做上门女婿。因此，赘婿在古代十分受歧视。《史记·秦始皇本纪》："三十三年，发诸尝逋亡人、赘婿、贾人略取陆梁地"，把赘婿与曾经逃亡之人并提，他们的地位可见一斑；汉代也是这样，武帝发天下"七科谪"，出朔方。赘婿就是"七科谪"之一。赘婿在家庭中同样受到歧视，据《说苑》记载，姜太公是"故老妇之出夫也"，意思是姜太公是被老婆逐出家门的赘婿。

古代，"妻"又可以称为"帑"。《左传·文公六年》："贾季奔狄，宣子使臾骈送其帑。"其中"帑"就是妻子的意思。"帑"字以"巾"为部首，"巾"是一种织物，曾经充当过交换媒介，因此，有些以"巾"为部首的字与金钱有关。《说文解字》把"帑"说解为"金币所藏也"，意思是藏金币的地方。把"妻"称作"帑"，这是从买卖婚姻盛行的社会背景下引申而来的。另外，在一些古代典籍中，"嫁"字有"卖"义。如《韩非子·六反》："天饥岁荒，嫁妻卖子者，必是家也。"这里"嫁"就是"卖"的意思。"嫁"字有"卖"义，说明婚姻与买卖有关系。买卖婚，就是将女子视为财物，娶妻纳妾，必须要经过金钱交易才能进行；如有不时之需，还可以将妻妾转卖他人，以换取钱财。对于男子来说，女人不过是其传宗接代的工具罢了，与其他财产并没有多大差别；对于女方来说，她的存在很大程度上依赖着她所具有的物质价值，她只不过是一种可以在不同男人之间移换的私有财产而已。

在古代，男女的婚事，是不可以自己定夺的，一定要通过媒妁这一中介的交接，即所谓的"父母之命，媒妁之言"。"媒"字，《说文解字》说解为："谋也，谋合二姓。"意思是说，媒也就是撮合两个异姓的男女成为夫妻的人。"妁"字，《说文解字》说解为："酌也，斟酌二姓也。"意思是，斟酌男女双方各个方面的条件是否合适。媒妁在古代婚姻中是不可缺少的，《诗经》有这方面的描述。《豳风·伐柯》："伐柯如何？匪斧不克。取妻如何？匪媒不得。"意思是说，要砍伐树枝怎么办，没有斧子是不行的。要娶媳妇怎么办？没有媒人是不行的。《礼记·昏义》中记载了我国古代的娶亲程式，即：纳彩、问名、纳吉、纳徵、请期、亲迎。其中"纳彩"就与媒妁有关。男方看上了哪家的姑娘，先请媒人到女方家提亲，得到女方的允诺后，就派使者前去送上礼物。女方如果收下礼物就表示同意议婚。可见，媒人在婚姻中的重要作用。

二　古代丧葬习俗

甲骨文的"死"字作"𠨘"，像一个人在残骨旁祭拜之形。显然，残骨代表死者。"葬"的甲骨文字形作"𦵏"，左边的构件是"爿"，即"床"的古文字形，表示读音；右边的构件是残骨，表示死者。这些字形都用残骨表示死者，可以看作古代抛尸于野习俗的旁证。那时候的人在同伴死后，也像动物一样将其遗体弃之路旁、沟壑，任其腐烂和被虫兽咬噬，其结果就是"白骨露于野"，只剩下一块块残骨。

据《中国民俗辞典》记载，蒙古族流行"荒葬"，即："以牛马车载尸，疾驰荒野，不择路，候尸颠扑至地，即为尸安身之所。三日后，视之，如为鸟兽攫食，即以为生前无罪恶。否则子孙有戚容，以为天不见纳。"这种"荒葬"和西藏的"天葬"，都是古代先民弃尸习俗的遗迹。

随着人类自我意识的发展，先民逐渐对同伴和亲人的遗体被虫兽咬噬感到不忍。于是，想办法把尸体掩藏起来，由此产生了葬尸的萌芽。

"葬"在《三体石经》中的字形作"𦵎"，由三部分组成，一个是示音构件"爿"，一个是表义构件"茻"，另一个构件表示死尸。小篆字形作"𦿆"，《说文解字》说解为："藏也。从死在茻中，一其

中，所以荐之。"意思是说，"葬"的小篆字形像把死尸藏在柴草之中，"葬"的本义就是掩藏尸体。"葬"字的形体说明，远古时期，掩藏尸体的方法是用柴草将尸体包裹后，弃之原野。这在文献中有大量证明。《礼记·檀弓上》："葬也者，藏也；藏也者，欲人之弗得见也。"《易·系辞下》："古之葬者，厚衣之以薪，葬之中野，不封不树，丧期无数。"说明华夏先民对于死者遗体的处理方式是，用柴草包裹尸体后，把它藏在原野，并不埋入地下。

"吊"的甲骨文字形作"𢎨"，像人身体上缠绕着用来弋射的矰（zēng）

缴之形，表示人带着弓箭。本义就是追悼死者。你可能感到奇怪，追悼死者与人带弓箭有什么关系呢？这是因为，远古时期，人死后并不埋入地下，而是用柴薪盖着放在荒野里。因为怕禽兽来咬噬死者的遗体，于是亲友带着弓箭驱除禽兽，以保护尸体，以此来表示对死者的尊敬，也就是追悼死者。后来，"吊"字形体发生演变，小篆字形变作"弔"，甲骨文字形中的矰缴之形变得与"弓"形十分相似，于是《说文解字》把它说解为："问终也。古之葬者，厚衣之以薪。从人持弓，会驱禽。"即用"人持弓"的意象表示"吊"字的造字意图——驱赶禽兽，以避免亲人的遗体被禽兽咬噬。从"葬""吊"两个字的古文字形体可以看出，远古时期，确有过用柴薪包裹尸体后，藏于原野的习俗。

在生产劳动过程中，先民们逐渐发现，藏尸于野不仅耗费人力物力，而且很难保证亲人的遗体不被禽兽咬噬。随着生产工具的不断进步，先民们想出了一个更为稳妥的办法——埋尸地下的墓葬方式。

"墓"字出现得比较晚。甲骨文、金文中都没发现"墓"字，《汉语大字典》所列最早形体是小篆。《说文解字》把"墓"字说解为："丘也。从土莫声。"其实，"莫"不仅标示"墓"的读音，也兼有表义功能。因为"莫"的字形构意是太阳落到草丛中看不见，而"墓"是尸体没入土中看不见，"墓""莫"意义相通。显然，墓葬的形式是将尸体埋于地下。

"坟"字出现也比较晚，它的本义是高大的土坡、土堤。如《诗经·周南·汝坟》"遵彼汝坟，伐其条枚"，屈原《九章·哀郢》"登大坟以远望兮"，其中"坟"的意义都是高大的土坡、土堤。由于墓上的封堆土像土坡、土堤一样高高隆起，因此也称做"坟"，并成为"坟"的常用义。

根据文献记载，"墓"不同于"坟"。《礼记·檀弓》："古也墓而不坟。"郑玄注："土之高者曰坟。"也就是说，坟是墓上的封堆土；《方言》："凡葬而无坟谓之墓"，也说明"墓"与"坟"最初是有严格区别的。根据文献记载，远古的墓是不筑坟头的，崔寔《政论》："文武之兆，与地平齐"，说明当时不仅一般民众的墓没有坟头，连君王的墓也不起坟头。河南安阳殷墟发掘的王室墓群和陕西凤翔雍城发掘的春秋时的墓葬群，规模都非常宏大，却都没有筑坟的迹象。

春秋末期，坟丘开始出现，但还未普及，当时把筑坟头看作不符合古礼的行为。传说孔子考虑到自己是"东西南北之人也"，也就是经常周游列国，为了能辨识母亲墓穴的位置，孔子只好违背古礼与初愿，给母亲的墓地筑了个坟头，结果一夜被暴雨冲平。这说明，周礼提倡不筑坟头的墓葬方式。而周礼是因袭夏、商之礼的，由此可以推断，夏、商、西周的墓上是不筑坟的。

起坟头最初是为了辨识墓穴的位置，方便祭祀，后来变成墓主人身份地位的象征。死者的爵位等级越高，排场也越大。除了筑坟之外，还要在旁边种树。于是坟的高低和所植树木种类成为显示尊卑等级的重要标志，并列入礼法，成为国家制度。郑玄说："汉律曰：列侯坟高四丈，关内侯以下至庶人各有差。"汉时一丈合现在231厘米，四丈为9.24米，相当于现在三层楼那么高，确实相当壮观。以后各朝各代对不同品官和庶人的墓地坟高都有规定。至唐代以后，更为严格，违者要治以重罪。

同时，由于儒家仁孝思想的影响，祖坟在人们心目中十分神圣庄严。人们把死后不能埋进祖坟看做是最严厉的惩罚，统治者也把它作为教化人心的一种手段。

由于坟墓大小成为死者地位的象征，有权势者为了炫耀自己的地位，坟越筑越高，于是又产生了专门用来称呼高大坟墓的"冢"字。"冢"是指墓上的土堆高得像小山似的坟墓。当然，地位最为尊贵的是皇帝，皇帝的坟墓无疑应是最高大的，因此，用本义为高大土山的"陵"字来专称皇帝的坟墓。"陵"字以左"阝"为部首，本义就是山陵，即高大的土山，用来指称帝王的坟墓，主要取其高大巍峨义。秦惠文王规定"民不得称陵"，"陵"从此成为帝王坟墓的专用词，也成为皇权至上的象征。

三 其他礼俗

"即"字甲骨文作"𝌆"，"飨"字甲骨文作"𝌆"，分别取象一个人和两个人坐在食物前准备进食之形，这种坐姿是双膝着地，将臀部靠在双脚的后跟上，类似于我们从电视剧或电影中经常看到的日本人和韩国人的坐姿。知道了古人的坐姿，就不难理解《鸿门宴》中项羽看到突然闯进来的樊哙为什么"按剑而跽"："跽"是一种上身挺直的跪姿，与"坐"的区别是将上身挺直而臀部离开脚后跟。可见，项羽的"跽"是一种下意识的动作，并非因害怕而连忙下跪。

"叟"字甲骨文作"",像在房子中手拿火把之形,表示留在室中看守火种之人。人类尚未学会人工取火时期,只能利用天火,因此氏族中要有人专门看守火种,不难理解,看守火种的人一定是经验丰富的长者,因此,造字时用看守火种的意象表现义为"长者"的语词"叟"。这就是老人又称为"老叟"的原因。

"奉"字在《侯马盟书》中写作"",像双手捧着东西之形,是"捧"字初文。"盥"字甲骨文作"",像伸手到盛水的器皿中洗澡之形,小篆字形将一只手变为两只手,作"",《说文解字》说解为"澡手也",可见"盥"字本义就是洗手。《左传》记载,晋公子重耳在逃亡过程中,经过秦国时,受到秦王的款待,秦王曾让怀嬴伺候重耳,怀嬴为重耳"奉匜沃盥","沃"是"浇,灌溉"的意思,"匜"是古代一种器皿,带有流,便于往外倒水。可见,重耳当时洗手,是由怀嬴手捧匜将水慢慢倒在重耳的手上,下有承盘接着流下的水,这就是当时贵族洗手的方法,与普通百姓不同。

第五章

从汉字看中国古代生产生活

人类要生存，就要获取食物。中国远古先民，最初主要通过采摘植物的果实、叶子，通过捕鱼和狩猎从大自然获取食物。随着生产生活经验的积累，先民逐渐掌握了动植物的生长规律，开始对猎获的动物进行畜养，对植物进行种植，于是产生了畜牧业和农业。中国先民在农业生产方面积累了丰富的经验，锄草、灌溉、施肥、灭虫、收获、加工、储存等农业生产过程，都在古文字中有所反映。人类在获取食物的同时，从未停止过对美的追求，而且要不断跟各种自然灾害作斗争。因此，与之有关的玉石加工和对灾难的认识等内容也被列入本章。

一　古代狩猎

　　"渔"的甲骨文字形繁多，有的作""，像钓鱼；有的作""，像双手张网捕鱼；有的作""或""，像把水淘干后，很多鱼露出来的样子，即竭泽而渔。可见，古代捕鱼方式有：用钓竿钓、用渔网捕，还有"竭泽而渔"等。在仰韶文化的考古发掘中，发

现了石网坠、鱼骨钩、鱼叉等，说明当时的捕鱼方法还有用鱼叉捕。"渔"的本义就是"捕鱼"。现代语词"渔船""渔民"中的"渔"字都是捕鱼的意思。

"狩"字甲骨文作""，左边的构件是有丫杈的木棒，为远古先民狩猎作战的武器；右边的构件为犬，说明犬在当时已被驯化帮助狩猎。显然，"狩"字甲骨文构意表现了远古先民的一种狩猎方式，即用猎犬和木棒为狩猎工具。后来，随着生产力的提高和人类技术的进步，狩猎工具也变得更加专业和先进，木棒不再是主要的狩猎工具。同时，取象于有丫杈的木棒形构件在字形演变过程中完全丧失了最初构意，因此，用音义合成的方法重新造"狩"字。

"罗"字甲骨文作""，像用网笼罩住鸟类而擒之，本义就是"张网捕鸟"；后来增加表义构件"糸"，繁体字作"羅"，简化为"罗"。从"罗"字的甲骨文字形看，古代捕鸟的一种重要方式是用网笼罩。鲁迅在《故乡》中描写的捕鸟方法与"罗"字所表现的捕鸟方法十分相似："我们沙地上，下了雪，我扫出一块空地来，用短棒支起一个大竹匾，撒下秕谷，看鸟雀来吃时，我远远地将缚在棒上的绳子只一拉，那鸟雀就罩在竹匾下了。什么都有：稻鸡，角鸡，鹁鸪，蓝背……"此外，"禽"字甲骨文作""，像用来捕获鸟兽的带柄网子，本义就是"捕获，捉拿"；"离"字甲骨文作""，像小鸟从带柄网中飞离之形，表示"离开"义。这些字形中都有用来捕获鸟兽的带柄网形构件，说明这种带柄网子是古代比较常用的捕鸟工具。

围猎是一种最大规模的狩猎活动，需要动员很多人在一个较大规模范围内，将所有野兽驱出巢穴，然后聚而擒之。由于这种狩猎活动与军事行动极其相似，因此，统治者往往以此作为军事训练的一种手段。

围猎常用的方式是焚烧山林以驱逐野兽。"焚"的甲骨文字形作""，像两手举火焚林之形，本义是"用火烧山林"。这是古代的一种围猎方式，焚烧山林的目的是驱逐野兽，把它们赶到预设的网或陷阱之中，最后达到捕杀的目的。这种方式多于冬季举行，也不能经常举行，愈到后世，其限制愈严。这可能与保护森林及野生资源有关。

"阱"字甲骨文作""，像鹿掉入陷阱中之形，小篆字形作""或""，《说文解字》说解为"陷也"，段玉裁注"穿地取兽"。《康熙字典》在"穽"字下引《说文》作"陷也，所以取兽者。一曰穿地陷兽也"。"陷"字形体表现了古代用陷阱捕捉野兽的方法。

彘　雉　弹

　　射猎是古代一种重要的捕猎方式，这种方式所用之"弓"，除弓箭外，还有弹弓，这些在字形上都有所反映。"彘"字甲骨文作"𢗁"，像一支箭穿透猪身之形，说明这种猪是射猎得到的，不同于畜养在圈栏中的豕，本义就是野猪；"雉"字甲骨文作"𪅂"或"𪅀"，由取象箭的"矢"构件和取象鸟的"隹"构件组成，后一个字形的"矢"构件上还有缠绕的绳索，表示箭尾系着绳索的射猎方式，即矰缴。显然，"雉"的字形构意是"用箭射鸟"，本义就是"鸟"或"野鸡"。"弹"字甲骨文作"𢎨"，像弹丸在弓上之形，小篆字形作"彈"或"𤨏"，后一个字形由"弓""丸"两个构件组成，从"弹"的甲骨文和小篆字形看，弹丸是圆球形的。依据考古发掘，这种工具至少有两类，一是陶弹，二是石弹。发射时，将弹丸装在弓上，人站在远处发射，击中目标。

美　尾　羌

　　"美"的甲骨文字形作"𦰩"，下边的构件是"大"，"大"像正立的人形，上像头戴兽角毛羽之类的装饰物；"尾"的甲骨文字形作"𡰣"，像一个人长了一条毛茸茸的大尾巴。古人造字，多"近取诸身，远取诸物"，即取象于身边所习见的事物。但人是不应该有兽角毛羽和长长尾巴的，也就是说，人头上的兽角毛羽和臀后那毛茸茸的东西，不会是人体的一部分，而只是一种装饰。不难推测，先民造"美""尾"之时，字形所表现的头饰和

尾饰定是当时人们所习见的服饰。

普列汉诺夫在《论艺术》中说:"那些被原始民族用来作装饰品的东西,最初被认为是有用的,或者是一种表明这些装饰品的所有者拥有一些对部落有益的品质的标记,而只是后来才开始显得美丽的。使用价值是先于审美价值的。"因此,头饰和尾饰作为装饰品,其使用价值也应该先于审美价值,也就是说,它们最初也应是实用的、功利的。

那么,他们最初的使用价值是什么呢?原始社会早期,人们为了猎取野兽,往往披皮戴角,装扮成野兽的样子,以便接近野兽而射击之。这就是远古时期一种十分常用的狩猎方法——化装诱捕狩猎。我国长白山地区曾经流行的"哨鹿"法,就是通过化装诱捕狩猎。乌丙安《民俗学丛话》说:"自古以来,'哨鹿'是猎鹿的妙法之一。发现鹿迹,猎人一边举起假鹿头,一边吹起牛角哨,学着呦呦鹿鸣,鹿群便聚来,然后射取。"《水浒传》第二十三回对这种化装狩猎法也有描绘:武松打死老虎之后,"走不到半里多路,只见枯草中又钻出两条大虫来……武松定睛看时,却是两个人,把虎皮缝作衣裳,仅仅缘在身上"。显然,这种狩猎方法在作者施耐庵所生活的明末清初,在某些地区还被猎户们普遍使用。

可见,头饰和尾饰最先是狩猎者为靠近猎物所做的伪装。原始巫术和舞蹈是对日常劳动生产活动的再现,巫师和舞者常常模仿猎者形象。人类学家曾研究过北美印第安人的原始野牛舞,舞者为了迫使他所要猎获的野牛出现,"他们中的每个人头上戴着从野牛头上剥下来的带角的牛皮或者画成牛头的面具……当第一个印第安人跳累了,他就把身子往前倾,做出要倒下去的样子,以示他累了;这时候,另一个人就用弓向他射出一支钝头的箭,他便像野牛一样倒下去了"。显然,这种具有"交感巫术"作用的舞蹈,就是对狩猎生活的再现。我国独龙族的"狩猎舞"和景颇族的"龙洞戈"也是对狩猎生活的再现。另外，这在原始岩画和出土陶器中也有所反映，如在莱斯·特洛亚·费莱尔洞穴中，有一幅被称为"鹿角巫师"的岩画，其中"鹿角巫师"乃是人形兽装，画中巫师头上有鹿角，臀后有一条尾巴。青海大通县上孙家寨墓地出土了新石器时代的舞蹈纹陶盆，陶盆上舞蹈者服装的显著特点就是有头饰和尾饰。这些表现远古巫术和舞蹈的岩画和出土文物，都是对化装诱捕狩猎活动的再现。

戴头饰的习俗在后世以不同的方式得以流传和发展：首先，喜欢装饰的女子对头饰习俗的继承和发展。第二，舞台艺术对头饰的继承和发展：原始舞蹈中，舞者头戴兽角毛羽，不仅是对狩猎活动的再现，也是舞蹈者对自己勇敢善猎的炫耀。舞台艺术继承了原始舞蹈用头饰表现人物的方法，如京剧艺术中的翎子，象征着"英武"，戴有此头饰的大都是勇敢善战的武生；《杨门女将》中穆桂英戴翎子头饰，也是为了突出其勇敢善战的英雄形象。显然，翎子是原始舞蹈中舞者所戴兽角毛羽的夸张和变形，其作用则由炫耀猎者的勇敢善猎演变为象征英雄人物的勇敢善战。第三，古代官服对头饰的继承和发展：汉代武官所戴的武弁大冠，以漆纱制作，上加鹖（hé）尾或貂尾为饰；清代皇帝对有特殊功勋者，赏以用孔雀毛做的花翎，戴在帽上垂向后方。

尾饰习俗，主要在边远少数民族地区得以流传和发展。《说文解字》"尾"字下释曰："古人或饰系尾，西南夷亦然。"可知尾饰确为一种远古之饰，而"西南夷"在汉代尚存尾饰古风。据《后汉书·西南夷列传》记载哀牢夷有"刻画其身，象龙纹，衣皆著尾"的习俗。而最先进入农业社会的中原地区，尾饰逐渐在人们服饰中消失。华夏先民对边远地区少数民族十分鄙视，把其尾饰看作其愚昧落后不开化的标志；另一方面，古代战争中，常把俘虏作奴隶使用，华夏先民俘获的奴隶常常是戴有尾饰的异族人。因此，造字时用戴有尾饰的人形表示奴隶身份，如前文所分析的"仆"和"隶"的古文字形都是戴尾饰的形象。

同样，"羌"的甲骨文字形作"᚛"，像头戴羊角侧面站立的人形，人的头上戴羊角，最初目的也是为了靠近野兽，从而猎杀之。可见，"羌"的古文字形体现了他们以狩猎为主要生产方式的特点，后来，人们习惯上称西北地区以狩猎和畜牧为主的少数民族为羌族。

"囮"（é）的小篆字形作"囮"，《说文解字》解释为"率鸟者系生鸟以来之，名曰囮。䍃，囮或从繇"，可见，"囮"的本义就是"捕鸟时用来引诱同类的鸟"。清人顾景星《蔡邕论》中说："今夫捕鸟者，择其黠者以为囮，谷米以饲，滤流而饮，凡可以慰囮，靡弗至也。"意思是说，现在的捕鸟人，选择那些聪明的鸟作为囮（也就是用来引诱同类的鸟）。对于这些用作"囮"的鸟，平时要用谷米喂养，给它喝滤过的泉水，总之，要竭尽所能来照顾好这些被用作"囮"的鸟。

二　古代畜牧

"畜"的甲骨文作"畜"，从"8"从"⊕"，"8"像束丝形，表示绳索，"⊕"像某个范围中有草木之形，表示养牲畜的地方。《淮南子》中有一句话，叫"拘兽以为畜"，意思是说，把狩猎所得的野兽，进行拘养，这就是畜。后来，"𢆶"变为形近的"玄"，"⊕"简化变异为"田"，"畜"字变为由"玄""田"组成的合体字。由狩猎到拘养，这是先民生产生活中不断积累经验的结果。猎人长期狩猎，熟知各种兽类的脾性，逐渐认识到驯养某些性情温和的草食类动物是可能的。同时，打到的活的动物，在暂时不食用的情况下，往往豢养起来；尤其是获得幼兽后，不是立即吃掉，而是饲养起来。随着动物越养越大，先民逐渐意识到，饲养动物比狩猎获利更大，同时随吃随杀，没有挨饿的风险，于是由自发到自觉地养起动物来。

"养"的小篆字形作"养"，《说文解字》说解为："供养也。从食羊声，𩚬，古文养。""养"的古文字形提供了丰富的文化信息。首先，古文字形"𩚬"，与甲骨文字形"𦍙"或"𦏀"一脉相承，像手拿棍棒或鞭子驱赶牛羊之形，表现的是"放牧"的畜养方式；小篆字形"养"，从食羊声，本义是"供养"，表现的是"圈栏"的畜养方式。能够表现"圈栏"畜养方式的字还有"牢""圂""养""刍"等。

"牢"在殷商时期的字形异体繁多，有的从牛作"𠂤"，有的从羊作"𡘜"，有的从马作"𡘜"，另一构件像平地上围成的圈栏，整字表示用圈栏畜养牲畜。该字在甲骨卜辞中的意义主要是指用来祭祀的牲畜，也就是牺牲。古代用于祭祀的牺牲，往往经过特殊的饲养，所谓"衣以文绣，食以刍菽"，然后可称为"牢"，如"太牢""少牢"。后来畜养动物的地方也称"牢"。"牢"字形体说明把动物关到圈栏内是畜养动物的重要方法。

"圂"，甲骨文作"𡘜"，像把豕（猪）关在圈中之形，表示"猪圈"，

"圂"在古代文献中除了有"猪圈"义，还有"厕所"义。这是因为，我国北方一些地区，厕所往往与猪圈相连相通，从而让猪可以直接吃掉人拉出来的粪便。使用粪便豢养产肉动物在我国有悠久历史，可追溯至春秋时代，最早的记载见于《国语·晋语》："臣闻昔者大任娠文王不变，少溲于豕牢而得文王，不加病焉。"意思是：文王的母亲大任在怀孕时，身体没有任何变化，在厕所小便时，生下了文王，没有感到任何痛苦。其中"豕牢"就是养猪的厕所。自西汉到西晋，古墓中出土的陶制明器，常见有猪圈模型，河北、河南等地出土的陶制"带厕猪圈"明器显示，猪圈位于厕所旁边，是整个宅院的一部分，而且不论是富贵人家还是普通农民都把厕所和猪圈相连建造。

圈养动物就要为动物提供食物。小篆"养"字以"食"为部首说明，为动物提供食物是畜养动物的最重要特征。因此，割草或采集野菜成为日常重要的劳动。"刍"字甲骨文作"𠚫"，像用手断草之形，就是常说的打猪草。由打猪草引申指牲畜吃的草，如上文提到的"衣以文绣，食以刍菽"中"刍"就是指牲畜吃的草。

长期豢养动物，使人们逐渐熟悉了动物的习性，掌握了动物的生长生殖规律，并驯服某些动物为人类服务。如"牡"的甲骨文字形异体繁多，有的作"牛"（从牛），有的作"豕"（从豕，即猪），有的作"羊"（从羊），有的作"鹿"（从鹿），另一构件像雄性生殖器之形，分别表示"公牛""公猪""公羊""公鹿"；"牝"（pìn）的甲骨文字形异体繁多，有的作"牛"（从牛），有的作"豕"（从豕，即猪），有的作"羊"（从羊），有的作"鹿"

（从虎），另一构件表示雌性，分别表示"母牛""母猪""母羊""母虎"。"牡""牝"甲骨文字形异体繁多，说明当时辨别动物的雌雄非常重要，这也说明畜牧业在当时社会中占有重要地位。

"狩"字甲骨文作"狩"，左边的构件是有丫杈的木棒，为远古先民狩猎作战的武器；右边的构件为犬，说明犬在当时已被驯化帮助狩猎。

"犁"的小篆字形作"犁"，《说文解字》说解为"耕也，从牛黎声"，"犁"字以"牛"为部首，说明牛与农耕关系非常密切，确切地说，是牛被驯服拉犁耕地。用牛帮助农耕开始于什么时期，有不同说法，比较通行的说法是开始于春秋时期。当时人们经常把祭祀用牛与耕牛进行比较，如《论语》："犁牛之子骍且角，虽欲勿用，山川其舍诸？"意思是，耕牛所产之子如果够得上作牺牲的条件，山川之神一定会接受这种祭享。那么，仲弓这样的人才，为什么因为他父亲"下贱"而舍弃不用呢？孔子这句话用"骍且角"的"犁牛之子"作喻体，这说明春秋时期，牛耕已相当普遍。另外，古人的名与字往往是相关联的。春秋时期，孔子的弟子司马耕，字子牛；冉耕，字伯牛，说明当时"牛"与"耕"是有密切联系的。

"为"的甲骨文字形作"为"，像手牵象之形，是远古时期人类役使大象帮助劳动的反映，本义就是"做，为"。"为"的甲骨文字形说明殷商时期先民已经能够驯服大象。古代传说有"象耕鸟耘"的说法，意思是大象帮助耕地，群鸟帮助除草和松土。殷商时期黄河流域是温润的亚热

带气候，适合大象的生存。考古发掘中，黄河流域有很多大象的骨骼出土，充分证实了这一点。根据"为"的古字形和文献材料，我们推测"用象耕种"很可能是当时的一种生产方式。

三 远古农业

1.农具

初民社会，人类以采集和渔猎为主要生产方式，野果和鱼蚌禽兽是人类食物的主要来源。随着人口的增多和人类智慧的提高，先民开始寻求新的谋生之路，这便是从事农业生产。农业生产，首先要有可供耕种的土地。可是，上古时期，大量土地尚未开垦，到处是森林草莽，因此，"焚林而猎"是原始农业的前提，"火"是先民垦荒的重要工具。

"焚"字甲骨文字形有"𤓓"形，像两手举火焚林之形，本义是"用火烧山林"。这是古代的一种围猎方式，把大片土地烧成空地。这种空地，在适当条件下就会被人们利用，开垦为农田。《说文解字》把小篆"焚"字解释为"烧田也"，非常精练地概括出远古农业是从"焚林而猎"开始的，其主要工具就是火。此外，古史传说中神农氏即"炎帝"，也称"烈山氏"，"炎""烈"的意义都与火有关。这也说明原始农业与火关系密切。

"农"字金文作"𦦠"或"𦥯"，前一个字形由"辰""林"两个构件组成，后一个字形由"辰""屮""又""田"四个构件组成。"辰"表示蜃壳，是古代除草农具，"又"像右手之形，"屮"像众草之形，因此，"农"的金文字形像手拿蜃壳（古代除草工具）铲除田间丛生的野草。考古挖掘中，有大量用天然贝壳制成的锄草工具出土，《淮南子·汜论训》"古者剡耜而耕，摩蜃而耨"，以及"农"的甲骨文字形特点，说明先民确曾使用蚌壳作为垦荒工具。此外，出土的石器和《本草纲目》中"南方藤州垦田，以石为刀"的文献记载，说明先民也曾使用石器作为垦荒工具。

"力"的甲骨文字形为"𠂇"，取象于古代单齿耒。原始掘土工具最初是尖头木棒，在生产实践中，人们逐渐对尖木棒加以改造——木棒下部稍稍倾斜，使之更利于掘土，并在木棒下部捆绑脚踏横木，加强掘土力量，就成了单齿耒。西藏地区门巴族使用的青冈权，是用一根长约170厘米的青冈木棒和一根长约15厘米的横木制成，其形制与"力"的甲骨文字形非常相近。

在含有构件"力"的甲骨文字形中，"力"都表示农耕用具，即单齿耒，如前文所析的"男"字，像用"力"这种农具耕田，由于古代农耕主要由男子承担，后这个字才专用作男子义。此外，"协"的甲骨文字形作"劦"或"𠛎"，用众多农具在一起，表示协同合作之义。

"耤"（jí）的甲骨文字形作""，像一人双手持耒（双齿耒），一足立地面，一足踏耒端之小木板，正是用耒翻地的真实写照。因为耒是远古耕种很重要的农具，也常作各种农具的泛称。因此，人们在为其他农具，特别是木制或装有木把的农具造字时，都以耒为构字部件。如"耔""耕""耘""耙""耜""耡""耦""耧""耥""耪""耖""耢"等。

"以"字甲骨文作""，金文作""，像耜（sì）之形。由于耜是一种常用农具，因此，引申有"用"义。从字形可以看出，"耜"与"耒"不同，耒下歧头，耜下一刃。后来，"耒""耜"合成为一种工具——"犁"。"犁"的下部用以翻土的部分为"耜"，上部用以把握的曲木为"耒"。

2．农田灌溉

远古时期，农业灌溉主要依靠雨水，雨水是农业的命脉。从甲骨卜辞的记录种类看，除了王的游畋（tián）和占卜战争的吉凶外，大概以"卜雨""卜年""卜禾"等为最多。对于靠天吃饭的先民来说，向上天求雨是应对干旱的主要办法，因此他们千方百计祈神求雨。

"熯"（hàn）字甲骨文作""，像把人牲放到火上之形，取象于远古天旱时焚人牲求雨的习俗。"熯"在卜辞中的用法就是一种求雨祭祀。据史料记载，夏启时期黄河下游遭遇了一场苦旱，最后，夏启用杀掉自己的母亲并且将其尸体砍碎深埋各地的手段来抑旱求雨；商汤为了解除旱灾，曾经准备以自己做人牲求雨，结果刚刚点着火，突然天降大雨。这种杀人或焚人求雨的方法是古代所常用的。古代墨西哥，近代孟加拉、越南、菲律宾等地也使用过这种方法。

“雩”（yú）字甲骨文作“”，小篆作“”或“”。《说文解字》说解为：“夏祭，乐于赤帝，以祈甘雨也。从雨于声。或从羽。雩，羽舞也。”意思是，雩是古代的求雨祭祀，雩祭在夏季举行，祭祀对象是赤帝，祭祀方式是用舞蹈娱神。两个小篆字形一个以“雨”为部首，表示求雨祭祀；一个以“羽”为部首，表示用羽舞使雨神精神愉悦，以达到求雨的目的。为什么用羽毛做求雨祭祀舞蹈的道具呢？根据《释名》：“雨，羽也。如鸟羽动则散也”，因为鸟羽纷飞可以和雨丝四降发生类似联想，因此，产生了以羽致雨的模拟巫术。

尽管先民们采用了各种各样的求雨方法，但有时老天爷就是“不买账”，于是，先民在“求天”的同时也“求己”。

井 陂 堰

传说伯益发明了井。最初的井是挖掘隧道达到地下泉水，取水者抱着水罐由台阶进入隧道，汲满水后又由隧道抱着水罐出来。《庄子·天地》“凿隧而入井，抱瓮而出灌”就是对古代先民利用水井进行灌溉的描述。“抱瓮”入井取水灌溉，这种方法功效很低，于是逐渐出现了提水机械——“桥”（又称桔槔）。《说苑·反质》：“卫有五丈夫，俱负缶而入井，灌韭，终日一区。邓析过，下车为教之曰：‘为机，重其后，轻其前，命曰桥。终日灌韭百区，不倦。'"意思是，卫国有五个男子都背着瓦罐从井里汲水浇灌韭菜园，一整天只能浇灌一畦。一天，一位名叫邓析的郑国大夫路过这里，下车教他们说：你们可以做一种叫做"桥"的机械，后端重，前端轻，用它来浇地，一天可以浇一百畦地而不觉得累。这里的"桥"是一种利用杠杆来提水的工具。汉代以后，较深的井开始广泛使用辘轳。

为了"灌溉农田"和"排水防涝"，人们常在田中挖一些长短宽窄不一的水沟。《说文解字》中有"く""巜""川"三字，许慎分别将它们释为："く，水小流也。周礼匠人为沟洫，耜广五寸，二耜为耦，一耦之伐，广尺深尺谓之く，倍く谓之遂，倍遂曰沟，倍沟曰洫，倍洫曰巜。""川，贯穿通流水也。"可见，"く""遂""沟""洫""巜"是田间沟洫系统中大小不同的水沟。最后，由"巜"通向大河，即"川"，再由川通向大海。《史记·夏本纪》："（禹）决九川致四海，浚畎（く）浍（巜）致之川。"《论语·泰伯》："（禹）卑宫室而尽力于沟洫。"邢昺《孝经正义》："沟洫，田间通水之道也，言禹卑下所居之宫室，而尽力以治田间之沟洫也。"这说明夏部族已在农田中开沟挖渠，用来排水灌溉，减少旱涝灾害。

只有田间的沟洫是远远不够的。要保障农业的丰收，必须兴建大型水利工程。"陂""堰"都是春秋以后兴起的蓄水灌溉工程。"陂"字以"阝"为部首，"阝"是"山阜"的"阜"的简化。"陂"本指山坡，后来，专指水旁的山坡。人们在考虑蓄水问题时，首先选择了丘陵环抱呈盆状的自然环境。这样对外围山坡只要稍做加工，便可以形成人工池塘。于是也将这种池塘称为"陂"。"陂"在开始时仅用于阻隔洪水，保护良田，后渐渐变为蓄水灌溉工程。《淮南子·说林训》记载："十顷之陂，可以灌四十顷。""堰"以"土"为部首，本义是人工垒土堆起的堤坝。堰常建在河道内的浅滩上，起防洪、蓄水、控制灌溉的作用。我国古代有名的水利工程都江堰是比较完善的排灌设施。

3. 施肥

为了促使禾苗茁壮成长，先民早已开始用粪肥田。《礼记·月令》"可以粪田畴"，《淮南子·本经训》"粪田而种谷"，《荀子·富国》"多粪肥田，是农夫众庶之事也"，都记叙了先民以粪肥田的事。甲骨文中有""字，像人大便之形，为"屎"之初文，在卜辞中用作动词，与"粪"的用法相似，屎田就是在田地里施粪肥。如《甲骨文精粹释译》拓片184云："庚辰卜，贞翌癸未，屎西单田，受有年。"大意是，在庚辰日占卜，问由庚辰起到第四天的癸未日，在西郊平野的田地里施用粪肥，将来能否得到丰收？"屎有足。二月。"大意是，在二月间，施用粪肥要充足。可见，殷商时期，先民们已经懂得了用粪使耕田肥沃的方法。《齐民要术》引汉氾胜之《氾胜之书·区田法》："伊尹作为区田，教民粪种，负水浇稼，区田以粪气为美，非必须良田也。"这些文献记载也说明了殷商先民已经知道用粪肥田的方法。

甲骨文"圂"字作"圂"，像把豕（猪）关在圈中之形，表示"猪圈"。《说文解字》把"圂"说解为："厕也，从口，象豕在口中也。"《国语·晋语》"少溲于豕牢"韦昭注："豕牢，厕也。"可见，上古社会，是以养豕的牢为厕，一直到汉魏还是如此。近年来，地下汉魏墓葬所发现陶厕猪圈等明器，也是很好的证明。即如今天广大农村，也往往是厕所连着猪圈，仍旧沿袭古代的遗俗。这种厕所猪圈，便是储藏粪便的地方。西汉史游编撰《急就篇》"屏厕清溷粪土壤"，意思就是圂厕粪便，可以用来肥沃土壤。

4. 灭蝗

蝗虫是庄稼的害虫，先民对虫灾早有记载。《春秋·桓公五年》"秋，螽"，"螽"的小篆字形作"^螽"或"^螽"，本义就是蝗虫。对蝗灾的危害，殷人极为重视，不仅经常向神灵告祭，求神降佑，消除灾害；而且采取了积极的灭蝗措施。"秋"字甲骨文有"^秋"或"^秋"等字形，像火烧蝗虫之形。蝗虫为群居害虫，在其未长翅时，先民将其围赶到低下之处，以火烧之，这就是所谓"焚蝗保收"。《礼记·王制》"昆虫未蛰，不以火田"则说明火田的最佳季节是昆虫蛰伏的时候，乘其无法逃离，可将其一网打尽。《论衡·顺鼓》："蝗虫时至，或飞或集。所集之地，谷草枯索。吏卒部民，堑道作坎，榜驱内于堑坎，杷蝗积聚以千斛数。"比较详细地描述了蝗虫的生态习性和危害情况，以及所采取的掘沟捕蝗办法。《汉书·平帝纪》记公元二年大旱"遣使者捕蝗，民捕蝗诣吏，以石斗受钱"，记载了发动群众悬赏捕蝗的最早事例。

5. 谷物收获

"利"的甲骨文字形作"^利"，像以刀割禾并有皮屑四溅之状。现代考古已经发现了许多新石器时代的石刀、蚌刀，其中一些经专家考证为当时的收割工具。

甲骨文中有"䅔"字，左边的构件表示收获的对象"禾"，右边的构件表示类似镰刀的收割工具。现代考古发掘中，商代中期以后的石镰、蚌镰很多，这些镰主要有两类：一为可以安装木柄的长柄镰，其作用是割除谷物禾秆；另一类是长方形和半月形的有孔石刀和蚌刀，其作用是收取谷物的禾穗，使用时用绳索过孔把石刀绑在手指上，以免掐穗时石刀脱落，这种石刀也就是后来的"铚"（zhì），《说文解字》："铚，获禾短镰也。""铚"作为一种掐禾穗的短镰，较为轻便，因此，帝王在做象征性收割时就使用铚。《汉书·王莽传》："予之西巡，必躬载铚，每县则获，以劝西成。"

"穗"在春秋时期写作"𥝆"，像手采禾穗之形，甲骨卜辞中还有一个"𥝲"，也像手摘禾穗之形，这些字形以及考古发现的大量无穗头的稻、麦秸秆，说明古代收割时一般是先收割穗头，然后再处理秸秆。

6.谷物加工

米饭很香，但禾穗变成米吃到嘴里还需要经过一系列的加工程序。

甲骨卜辞中有"𣀎"字，像一手持麦，一手持杖打麦之形，表示获麦后支击麦穗使脱粒。这种木棒逐渐演化为谷物脱粒专用的连枷。《释名》曰："枷，加也，加杖于柄头，以挝穗而出其谷也。"

"舂"（chōng）的甲骨文字形作"𦥔"，西周金文作"舂"，像一人两手捧杵捣粟之形。殷墟五号墓发现了研磨朱砂用的杵臼，据此可推测，殷人应该已经使用杵臼加工谷物。"秦"的甲骨文字形"秦"，则像两手捧杵捣禾之形。通过舂，去掉禾粒坚硬的外壳。

"康"字甲骨文作"康"，像筛米去糠之器：中间部分为箱，箱底有像筛子一样的密孔，上边的部分是颈和口，下边有两条绳；去壳之米，从上面的口倒入箱中，左右二人拽绳子，摇动器械，糠从中漏下。下边的数点儿像正在掉落的糠屑。

去掉皮壳的禾粒可以继续加工成面粉，其工具主要是碾和磨，碾和磨都以"石"为部首，说明它们都是石制的。笔者家乡河北农村七十年代还有碾和磨遗存，碾的形制是：下面是一巨大的石制圆盘，即碾盘，上面用一个巨大的石制圆柱体在碾盘上滚动碾轧，从而将碾盘上的粮食碾压成粉末；磨则由上下两片磨盘组成，下片磨盘固定，上片磨盘反复旋转研磨，将两片磨盘之间的粮食磨成粉末。

7. 谷物储存

粮食生产具有季节性，要保障粮食可供长期食用，必须对粮食进行储存。先民们可谓是"储粮有方"。

"啬"字甲骨文作""，下边的构件像足基很高的廪屋，上边的构件像禾，整字像廪屋之上有禾。显然，"啬"的甲骨文字形反映了未脱粒的禾穗在高处临时储存的情形，目的是防止禾穗在脱粒前因雨水浸泡而发霉变质。直至今天，在广大农村，农民还经常把没有脱粒的玉米棒和高粱穗等在屋顶上晾晒。

"廪"的甲骨文字形作""，像露天的谷堆之形。它的特点是，做一圆形的低土台，上堆麦秆麦壳，顶上作一亭盖形，涂以泥土，谓之"花篮子"。显然，这已经不是短期储存。

"仓"字甲骨文作""，像有门有窗的粮仓之形，更加结实耐用；"廪"字后来增加了"广"构件，说明"廪"也变为一种房屋式建筑。陕西西安半坡遗址出土了窖藏和罐藏的粟子，粟即没有脱粒的小米；山东胶州市三里河遗址大汶口文化层，发现一个原始居民储藏粮食的仓库，

仓

其中有粟一立方米之多，这说明先民早就懂得了储存粮食的方法。至今农民对稻米、高粱、谷子等仍然是带壳储存。

四　汉字与医疗

1.医巫同源

远古时，科学技术很不发达，许多自然现象无法解释，于是先民认为是鬼神在暗中操纵一切：得到神的庇佑，可以消除灾祸，解除病痛，否则将受到惩罚。摆脱苦厄灾祸与疾病痛苦，必须求助于鬼神，而人与鬼神的交通媒介是巫。所以，先民要解除病痛，必须依靠巫，从这个角度说，巫就是医。

"医"的繁体字形有两种，即"醫"和"毉"。"毉"从"巫"，说明医巫关系十分密切。《山海经·大荒西经》写道："大荒之中……有灵山，巫咸、巫即、巫盼、巫彭、巫姑、巫真、巫礼、巫抵、巫谢、巫罗十巫，从此升降，百药爰在。"群巫在灵山升降，采集那里的药草。群巫采集的不是普通的药草，而是所谓的不死之药；其中的巫咸据说就"实以鸿术为帝尧医"。《山海经·海内西经》记载："开明东有巫彭、巫抵、巫阳、巫履、巫凡、巫相，夹窫窳之尸，皆操不死之药以距之。"群巫手操不死之药，为的是救活已经死去的窫窳（yà yǔ）。显然，巫的职责是救死扶伤，与医生的职责相同；也可以说，最初的医生由巫来担任。

"巫医"的神职身份，注定其治病方法必然要利用巫术。《韩诗外传》

卷十："上古医曰茅父，茅父之为医也，以莞为席，以刍为狗，北面而祝之，发十言耳。"意思是上古名叫茅父的巫医，以蒲草为席，以草编为狗，模仿巫术，并且向北方不断发出祝祷之语。显然，作为巫医的茅父主要是利用巫术治病。实践中，巫医在治病时更多使用的是巫术和医术相结合的方法。《广博物志》卷二十二引《物源》："神农始究息脉，辨药性，制针灸，作巫方。"搭脉、辨药、针灸，都是神农配合巫术创造出来的医疗方法。传说神农时白族的巫师们还探求了以野兽来治病的方法。《说郛》卷三十一《芸商私志》："神农时白尼进兽药，人有疾病则拊其兽授之语，语如白尼所传，不知何语。语已，兽辄如野外衔一草归，捣汁服之即愈。"意思是巫师对兽使用巫术，使兽获知病的感应力，从野外衔回药草，人们捣烂服之即愈。当然，这只不过是巫术之幻想，但从中可以看出上古医术和巫术是紧紧结合在一起的。

医巫同源，成了后来医仙同流的滥觞，秦汉时期盛行的神仙方术也往往采用医术巫术相结合的方法。众所周知，将医生从业雅称为"悬壶"典故中的费长房，称医界为"杏林"典故中的董奉，其妙手回春的医术都来自神秘力量的佑助。民间传说虽然不可尽信，却反映了中国古代医学始终贯穿着医巫同源的传统。

2. 古代药物

"医"的小篆字形作"醫"，楷定为"醫"，从殹从酉。"殹"表示疾病，"酉"取象酒坛之形，表示酒可以用来治病。整字表示"治病工也"，即医生。酒可以通血脉，养脾气，厚肠胃，润皮肤，去寒气，适量饮酒是一种良好的祛湿散风、活血化淤的手段。因此，酒被视为百药之长，"医"字从酉正突出了酒在医疗上的特殊功效。马王堆出土的西汉帛书记载有五十二个医方，其中三十三个与酒有关。秦汉时大医学家秦越人、淳于意、张仲景等都有用酒治病的医案。后来，人们逐渐认识到酒可以消毒防腐，在针灸或外伤时可以用来作局部处理。

"药"的小篆字形作"藥"，楷定为"藥"，《说文解字》说解为"治病艸"，说明植物是最重要的中药来源。传说神农是慈爱的天神，他牛头、人身，力大无穷，常常帮助穷苦人家耕种，像牛一样，辛辛苦苦为人类服务。人类跟神农学会了种地，有了足够的粮食，从此不愁挨饿一事。可是，不少人吃饱饭之后，常常会生病。有的人患了病，很长时间也不好，直到死亡为止。这类事情被神农知道之后，他感到很焦急，他不相信巫医问卜，但也没有治疗疾病的办法。于是，他便与不少人商讨，怎样才能把疾病治好，使他们摆脱疾病的困扰。他想了很多办法，如火烤、水浇、日晒、冷冻等等，虽然能使某些疾患的症状有所缓解，但效果却不理想。有一天，神农来到山西太原金冈一带，品尝草木，发现草木有酸甜苦辣等各种味道。他就将带有苦味的草，给咳嗽不止的人吃，这个人的咳嗽立刻减轻不少；把带有酸味的草，给肚子有病的人吃，这个人的肚子就不疼了。神医尝百草是十分辛苦的事，不仅要爬山走路寻找草木，而且品尝草药还有生命危险。神农为了寻找药品，曾经在一天中中毒多次，神农被毒得死去活来，痛苦万分。可是凭着他强壮的体力，又坚强地站起来，继续品尝更多的草木。大地上的草木品种多得很，数也数不清，神农为了加快品尝草木的速度，使用了一种工具，叫"神鞭"，也叫"赭鞭"，用来鞭打各种各样的草木，这些草木经过赭鞭一打，有毒无毒，或苦或甜，或寒或热，各种药性都自然地显露出来。神农就根据这些草木的不同特性，给人类治病。

他在成阳山上，曾经发现不少疗效显著的草药，如甘草可以治疗咳嗽，大黄可以治疗便秘，黄连可以消肿等等。所以，后人管成阳山叫神农原，也叫药草山。

人类所患的疾病很多，而神农所发现的草木有治病功效的不多，他为了治疗更多的疾病，便不停地去品尝更多的草木。一次，他在品尝一种攀援在石缝中开小黄花的藤状植物时，把花和茎吃到肚子里以后，没有多久，就感到肚子钻心地痛，好像肠子断裂了一样，痛得他死去活来，满地打滚。最后神农没能顶得住，被这种草所毒死。神农以生命为代价，发现了一种含有剧毒的草，人们给它起名叫断肠草。

实践中，先民逐渐认识到，酒是一种最佳药物溶剂，于是把酒和草药混合在一起，创造出一种新的药物剂型——"鬯"（chàng），即药酒。"鬯"的甲骨文作"𩰾"，金文作"𩰾"，像用器皿盛放着用黑黍（秬）酿造的酒之形，本义就是祭祀时用的香草酒，以郁金香草与黑黍混合酿制而成，其香浓郁，可以提神醒脑，祛除蛊野诸毒和秽腐恶臭。甲骨卜辞中有关于鬯的记载，说明至晚在殷商时期，先民已经知道制作和使用药酒了。有人统计，至清代，散见于各种医籍里的药酒方近千则，而流传于民间的单验方更不计其数。

3. 针灸疗法

最古老的针刺工具是"砭"，"砭"字从石突出了它的石制特点。砭的外形像一根粗大的针，所以也称为石针，又称药石，或称石。《一切经音义》："攻病曰药石，古人以石为针。"《战国策·秦策》"扁鹊怒而投其石"，其中的"药石""石"都指砭石。用石针刺病也叫"砭"，《说文解字》："砭，以石刺病也。""砭"的主要作用是挑破脓肿部位，使脓血流尽而加快肿块痊愈。"砭"这种疗法在古文字形体中有所反映：金文"殷"作"𣪏"，左边是突出腹部的人形，表示人腹部患疾肿胀，右下方构件像手持砭针刺腹部。砭针作为治疗肿胀的常用工具，在文献中多有记载。《黄帝内经·素问》："其病为痈疡，其治宜砭石。"《淮南子·说山训》高诱注："石针所抵，弹人雍痤。出其恶血。"考古中，砭石多有发现，山东日照西城镇龙山文化遗址中曾采集到两枚锥形砭石，河南郑州附近的龙山文化灰坑里也发现一枚三棱形砭石。这说明新石器时代后期，人们已经懂得用砭石的治疗技术了。商周以后，青铜冶炼技术高度发展，刺病的石针，逐渐被金属针代替。《一切经音义》："古人以石为针，今人以铁，皆谓疗病者也。"《左传·襄公二十三年》服虔注："石，砭石也，季世无复佳石，故以铁代之耳。"于是，文字中也出现从金的"鍼"字，后简化为"针"。随之，以砭石治病的技术也慢慢退出历史的舞台。《汉书·艺文志》："医经者，原人血脉经络骨髓阴阳表里，以起百病之本，死生之分，而用度箴石汤火所施。"颜师古注："箴，所以刺病也。石谓砭石，即石箴也。古者攻病则有砭，今其术绝矣。"可见，东汉时期砭石技术已经绝迹。

"灸"是中国古代医学中常用的另一种治疗方法。《说文解字》："灸，灼也。从火久声。"段玉裁注："久灸皆取附箸相拒之意。凡附箸相拒曰久，用火则曰灸。"那么，"久"不仅标识"灸"的读音，也有表意的作用，即"久""灸"是读音相同，并有相同义素的同源字。"灸"的字形从两个方面说明了灸疗的基本特点："灸"从火表明要用火烧，烧灼是灸疗的第一个特点；从久表明"灸"在灼烧时要"附箸相拒"，既不要像针疗那样刺割，也不要像按摩那样漫漶，而是抵近肌肤表面的某一穴位点灼烧，以求对人的经络穴位产生某种热刺激，从而调理气血阴阳，疏通经脉，使人康复。

五　玉石加工

玉雕是一门古老的艺术。原始人就已知道用美玉装饰自己，美化生活。奴隶社会以后，玉雕工作成为一个专门为统治者服务的行业。美玉不仅是一种艺术品，而且成为一种礼器。人们用玉比况美德，以玉显示地位，形成了一种崇尚美玉的传统。"君子无故玉不去身"，意思是君子没有重大的变故，所佩戴的玉是不会离开自己的身体的。可见中国人对玉的感情很深。

1. 从石到玉

说玉必须先谈石。"石"的甲骨文作"卩"或"卪"，像山石之形。本义就是"山石"。原始人类的常用工具就是木棒和石头。可以说，是石头敲开了人类文明的大门，对石头加工程度的不同成为早期人类发展进程的重要标志，并据此把原始社会划分为旧石器时代和新石器时代。玉是石头的一种，《说文解字》把"玉"说解为"石之美"，就是说，玉就是漂亮的石头，具体说就是质地坚硬、颜色美丽、色泽光润的石头。"玉"的甲骨文作"丰"或"丰"，像一串贯玉之形，说明古代的玉是经常穿成串的。《说文解字》古文作"商"，小篆作"王"。《说文解字》说解为："石之美。有五德：润泽以温，仁之方也；䚡理自外，可以知中，义之方也；其声舒扬，专以远闻，智之方也；不桡而折，勇之方也；锐廉而不技，絜之方也。象三玉之连。｜，其贯也。"可见，在先人心目中，玉具有"仁义智勇洁"五种美德。不仅如此，在华夏先民心目中，玉还具有某种神力，因此常用来作祭祀用品和通神的媒介。如"礼"的甲骨文作""，由取象鼓形的""和取象两串玉的""构件组成。说明古代祭祀礼仪中，玉是重要通神之物。同样，神灵的"灵"小篆字形作"靈"或"靈"，分别以"玉""巫"为表义构件，也说明"玉"具有通神功能。

玉在人们心目中是极其高贵的东西，有的玉价值连城，甚至成为无价之宝。传说战国时期赵惠文王得到了一块名为和氏璧的美玉，秦昭王提出要用十五座城交换这块和氏璧，蔺相如奉命带宝玉去秦国交换，看出秦王毫无诚意，于是凭着自己的聪明才智，终于使宝玉完好回归赵国。这就是"完璧归赵"的故事。

2. 玉上的污点

珪　瑕

作为无价之宝的美玉，必须极其完美，没有任何污点。汉字中有几个专门表示玉上污点的字，如"珪""瑕""玭"。"珪"字从玉，与"点"同源，"点"繁体字作"點"，本义是小黑点，"珪"专指玉上的黑点。《诗经·大雅·抑》"白圭之珪，尚可磨也"，是说白圭上的污点是可以磨掉的。

"瑕"字从玉叚声，以"叚"为声符的字，大都具有"赤红"的意义特点，如"騢"，《说文解字》说解为"马赤白杂毛"；"霞"，《说文解字》说解为"赤云气也"；"鰕"（简化为"虾"）煮熟后呈赤红色。同样，"瑕"《说文解字》说解为"玉小赤也"，本义就是白玉上的红色斑点。《史记·廉颇蔺相如列传》记载，蔺相如奉命带宝玉去秦国交换，看出秦王毫无诚意，于是对秦王说"璧有瑕，请指示王"，意思是说和氏璧上有暗斑，请让我指给您看。当秦昭王递还和氏璧后，蔺相如便派人暗中送回赵国。

"玼"与"疵"同源，意思是"玉病"，即玉上的斑点，也用来比喻事物的缺点。

3. 玉的加工

"璞"字甲骨文作""，外边的构件像高山之形，里边的部分，右边像双手持工具凿取玉石，左上方的构件是"玉"，左下方的构件像盛玉石的筐，整字表示在山中开采玉石，本义就是"含玉的矿石，未经雕琢的玉"。

要将玉从璞中剖离出来，必须依据石头的纹理。"理"字以"玉"为表义构件，本义就是"治玉"，也就是把玉从璞中剖离出来。璞如果不经过"理"这道工序，一般人是很难识别的。《韩非子》记载了和氏璧未剖离之前不能被人识别的故事。春秋时期，楚国有一个叫卞和的人，在荆山里得到一块璞玉。卞和捧着璞玉去见周厉王，厉王命玉工查看，玉工说这只不过是一块石头。厉王大怒，以欺君之罪砍下卞和的左脚。厉王死，武王即位，卞和再次捧着璞玉去见武王，武王又命玉工查看，玉工仍然说只是一块石头，卞和因此又被砍去了右脚。武王死，文王即位，卞和抱着璞玉在楚山下痛哭了三天三夜，哭干了眼泪，最后眼睛哭出了血。文王得知后派人询问原因，卞和说：我并不是哭我被砍去了双脚，而是哭宝玉被当成了石头，忠贞之人被当成了欺君之徒，无罪而受刑辱。于是，文王命人"理其璞"，即剖开这块璞玉，见真是稀世之玉，命名为和氏璧。

美玉从璞中剖离后，还要继续打磨加工，然后才能成形。加工玉石的动词主要有"琱琢"。"琱""琢"小篆分别作""""，《说文解字》均说解为"治玉也"，说明它们是同义词，但二者也有细微差别："琱"的意义侧重于"刻"，"琢"与"啄"有同源关系，侧重于像鸟啄食一样一点儿一点儿地打磨。"琱"还有一个异体字"彫"，从彡。以"彡"为表义构件的字多表示装饰义，《说文解字》说解为"琢文也"，显然，"彫"字的造字理据是雕琢后的玉器成品有光彩。

4. 玉制装饰品

"珮"与"佩"是同源词。"佩"表示佩戴，"珮"则指佩戴在身上的玉质装饰品，是玉质装饰品的泛称。不同形制的玉珮又各有专名。

璜，《说文解字》说解为"半璧也，从玉黄声"。璜是一种弧形的玉佩，形制多样，有扇形、半环形、半月形、拱桥形等。常见的璜，两端多雕作龙首或兽首纹，这使人联想到"长虹饮于河"的传说，因此有的学者认为，"璜"是模仿"虹"的。璜的用途，

璜

一是"以玄璜礼北方"，即用来祭祀北方之神玄武。璜更广泛的用途是作佩饰之用。一般说来，大型璜作礼仪玉，中小型璜为佩饰玉。

璧、瑗、环都是中央有孔的平圆形玉器，都以玉为表义构件。《尔雅》："好倍肉谓之瑗，肉倍好谓之璧，肉好若一谓之环。"其中"肉"指玉质部分，"好"指中间的孔，即中间空缺部分。可见，环、璧、瑗之间的区别主

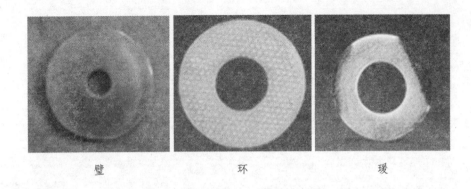

璧　　　　　　　环　　　　　　　瑗

要是中央孔的大小。"肉倍好谓之璧"意思是玉质的外环是内中空缺部分的二倍的平圆形玉器叫做璧，即中央孔小的是璧；"好倍肉谓之瑗"意思是玉质的外环是内中空缺部分的二分之一的平圆形玉器叫做瑗，即中央孔大的是瑗，类似今天的手镯。"肉好若一谓之环"意思是玉质的外环与内中空缺部分正好相等的叫做环，即中间孔不大不小的是环。

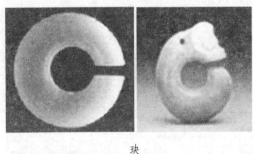

玦

玦与缺同源，是一种形状如环，但有缺口的玉器（如图）。古人常常佩戴玦，借以表示要有决心。《左传·闵公二年》记载，当狄人进攻卫国时，卫懿公给了卫大夫石祁子一块玦，给另一个大夫一支箭，表示让他们下决心保卫卫国，抵御狄人；鸿门宴上范增对项羽"举所佩玉玦以示之者三"，暗示项羽要决心果断地除掉刘邦。

玦除了表示决断、决心外，还表示诀别。《荀子·大略》"绝人以玦，反绝以环"，意思是用玦表示诀别，用环表示归还。如果一个臣子获罪被流放，君主赐给他玦，表示诀别；几年之后，如果赐给玉环，表示他可以归还。

琀与含同源，是死者口中所含的玉。华夏先民"事死如事生"，对待死者像对待生者一样，因此非常重视丧葬礼仪。其中一个重要的礼仪就是在死者口中放一些饭食，表示他带着饭走，以后不会饿肚子。《战国策·赵策》"邹鲁之臣，生则不得事养，死则不得饭含"，即是说邹国的贫弱，臣子在活着的时候不能得到奉养，死后连含的一口饭都没有。这从另一个角度也说明，"饭含"在战国时已是对死者的必备礼仪，直到现在，中国人仍然有给死者口中放饭食的习俗。古代贵族死者口中放的不是饭食，而是美玉，称作"琀"。

5. 玉质符信

"瑞"字从玉，《说文解字》说解为"以玉为信也"，本义就是玉质符信。华夏先民认为，玉是有德之物，可以取信。因此，常把一块玉分成两块，协议双方各持其中一块，必要时将其合起来。"班"字金文作"班"，中间是刀，表示用刀把玉从中间切开，本义就是"分瑞玉"。瑞就是可以用作符信的其中一块玉，在周代有专门掌管玉瑞的官员，叫"典瑞"。

瑞有多种形制，多种作用。这里主要介绍圭、璋、瑁、琥等。

圭，《说文解字》说解为："瑞玉也。上圆下方。公执桓圭，九寸；侯执信圭，伯执躬圭，皆七寸；子执谷璧，男执蒲璧，皆五寸。以封诸侯。从重土。楚爵有执圭。珪，古文圭从玉。"本义是古代帝王或诸侯在举行典礼时拿的一种上圆下方的玉器。玉圭是上古重要的礼器，被广泛用作"朝觐礼见"时标明等级身份，也是祭祀、丧葬时所用的礼器。周天子为便于统治，命令诸侯定期朝觐，以便禀承周王室的旨意。为表示他们身份等级的高低，周王子赐给每人一件玉器，在朝觐时持于手中，作为他们身份地位的象征。通过不同尺寸的圭，显示了上至天子、下到侯位的不同等级；同时不同尺寸的圭加以不同的名称（如镇圭、桓圭、信圭、躬圭）等，也显示了周室安邦理国的信念。不同名称的圭是赋予持有不同权力的依据，如：珍圭——召守臣回朝，派出传达这个使命的人必须手持珍圭作为凭证；遇自然灾害，周天子派去抚恤百姓的大臣所持的信物，也为珍圭；谷圭——持有者行使和解或婚娶的职能；琬圭——持有者行使嘉奖的职能；琰圭——持有者行使处罚的职能。战国以后圭在社会上就不再流行，各代帝王在遵循古制、点缀朝廷的威仪时曾制造过，但绝大多数没有流传下来。汉代玉圭已从日常生活中消失，只有王公贵族为了显示其地位，才特别雕造了少量的玉圭。

圭

金文中有一个"章"字，楷定为"章"，像牙璋之形，应是"璋"的初文。《说文解字》"剡上为圭，半圭为璋"。"剡上为圭"意思是上部尖锐下端平直的片状玉器叫做圭，"半圭为璋"意思是形状像半个圭叫做璋。璋属于礼玉六器之一。《周礼·考工记》"大璋亦如之，诸侯以聘女"，"大璋、中璋九寸，边璋七寸，射四寸……天子以巡守"。说明玉璋不仅是诸侯聘女的礼器，还是天子巡狩的时候祭祀山川的器物。大山川用大璋，中山川用中璋，小山川用边璋。所祭的如果是山，礼毕就将玉璋埋在地下；如果是川，礼毕就将玉璋投到河里。

《诗经·小雅·斯干》："乃生男子，载寝之床，载衣之裳，载弄之璋"，"乃生女子，载寝之地，载衣之裼，载弄之瓦。"于是，把生男孩子叫"弄璋之喜"，生女孩子叫"弄瓦之喜"。璋为礼器，瓦（纺轮）为工具，使用者的身份也完全不一样。而以其表示男女，凸显了男尊女卑的社会习俗。

瑁与帽同源，瑁是古代帝王所执的玉器，用以合诸侯的圭，圭瑁相合的方法是地瑁覆于圭上。

琥，《说文解字》说解为："发兵瑞玉，为虎文。从玉从虎，虎亦声。《春秋传》曰：'赐子家双琥。'"琥就是一种形似老虎的礼器，往往作为发兵的凭证。"信陵君窃符救赵"所窃之符，就是虎符，即琥。故事发生于公元前260年，在长平之战中，秦国大破赵军，坑杀赵降卒四十万。秦又乘胜围攻赵

琥

国首都邯郸，企图一举灭赵，再进一步吞并韩、魏、楚、燕、齐等国，完成统一中国的计划。当时的形势十分紧张，特别是赵国首都被围，诸侯都被秦国的兵威所慑，不敢援助。魏国是赵国的近邻，又是姻亲之国，所以赵国只得向魏国求援。就魏国来说，唇亡齿寒，救邻即自救，存赵就是存魏，赵亡魏也将随之灭亡。信陵君认识到这一点，他不惜冒险犯难，窃得兵符援救赵国，抗击秦兵，终于挫败了敌人。

六　天灾人祸

人们常常慨叹人生的多灾多难，因此甲骨文中"灾"字异体繁多，有的字形侧重于表示水灾，有的字形侧重于表示火灾，有的字形侧重于表示兵灾。

1. 水灾

表示水灾的字，甲骨文早期字形作"≈"，像洪水横流、泛滥成灾之状；中晚期作"川"，像川流之中有阻碍之形，表示因水流不通而泛滥成灾。到小篆还有这种专用来表示水灾的字形"川"，《说文解字》说解为"害也。从一雝川"，意思是说因水流不同造成灾害。

2. 火灾

表示火灾的字，甲骨文字形有"囚""囚"，像房子着火之形，还有的作"🔥"，为从火才声的音义合成字，这两种字形到小篆分别演变为"囚""灾"，《说文解字》说解为"天火曰灾"。

3. 兵灾

表示兵灾的字，甲骨文字形作"中"，从戈才声，显然这种灾难与"戈"相关。戈是古代的一种兵器，因此这个字形表现的是战争带来的灾难。后来，又有用表示洪水和天火的构件组合而成的"灾"字。

总之，从古文字形体可以看出，自古以来，人类就不仅把洪水、天火等自然现象看作灾难，也把战争这种人为的杀戮现象看作灾难。

第六章
从汉字看中国古代衣食住行

衣、食、住、行是人类生活的四大方面。本章以古文字为线索，对中国古代衣、食、住、行四个方面的内容进行了勾勒介绍。广义的"衣"指服饰，分为头衣、体衣和足衣；狭义的"衣"专指上衣。服饰不仅用来御寒，还有装饰作用和区分尊卑的功能。"人以食为天"，本章不仅介绍了中国古代饮料和食物的种类，还对烹饪方法和饮食烹饪器具进行了介绍。"住"的方面，则按照中国先民居住环境的变化，从山居野处、半穴居到地上建屋的顺序进行了介绍；同时，对高台亭楼和防御性建筑也进行了介绍。"行"的方面，则按照水上交通、陆路交通以及行的方式和交通工具几个方面进行了介绍。

一　古代服饰

1. 发饰与头衣

　　中国古代先民认为头发是身体的一个部分，受之父母，且处于头部，应当格外重视，因此终生不会随意剪发剃发。头发被剃，多是因为犯罪或出家，例如上古五刑之一的"髡（kūn）刑"，就是将犯人的头发剃去。头发还必须扎束起来，否则，披头散发会被视为异类，成语"被发左衽"就是对异族人发饰和服饰特点的概括。因此，华夏先民从小就要把头发扎起。孩童时期，一般把头发中分，在头的两侧束成两结，因为形状像牛角，所以叫总角。因此，用"总角"指代八九岁到十三四岁。后来人们也用"总角之交"来形容幼年时代就交好的朋友。十五岁左右，是入大学之年，这时要把总角解散，束成一髻，作为成童的标志。

古代贵族男子二十岁、女子十五岁要举行比较隆重的成年仪式，即束发加冠、束发加笄。

束发所用之物，不一而足，对于男子来说，主要有冠、簪（或称笄），女子则主要用簪。

冠，小篆作![冠]。《说文解字》说解为："冠，絭也，所以絭发，弁冕之总名也。……冠有法制，从寸。"从《说文解字》的说解看，"冠"有两个意义，一个是束发之具，一个是弁冕等贵族头饰的总称。表示"束发之具"的"冠"是戴在头上用来约束头发的带孔之管，用冠将发髻套住后，再用簪子穿过冠的孔把它固定，从而把冠与发髻固定起来。冠还要系缨，"缨"就是用来系冠的带子，一般系在下巴下面。

在等级森严的古代社会，只有贵族才可戴冠。贵族男子到二十岁要行冠礼，冠礼一般在祖庙进行，由受冠者的父亲或兄长主持。届时要请宾客到场，按一整套复杂的程序行礼，核心内容是三次加冠、取字和礼见。初次加冠，表示授予贵族"治人"的特权；再次加皮弁，表示从此有服兵役的义务，有参与保护贵族权利的责任；三次加爵弁，表示从此有在宗庙中参与祭祀的权利。实行加冠礼后，表示受冠者已经是成年人，因此，常用"冠者"表示成年人，如《论语·先进》："冠者五六人，童子六七人，浴乎沂，风乎舞雩。"戴冠要束发，所以古人又以"结发"表示二十岁。陈子昂《感遇诗三十八首》之三四："自言幽燕客，结发事远游。"

加冠后，贵族在一些场合必须戴冠，否则会被认为不合礼节。《国语·晋语》说："人之有冠，犹宫室之有墙屋也。"冠是古代士人以上阶层必用的服饰，戴冠是一种礼，不戴冠是"非礼"的。正因如此，《晏子春秋·内篇杂上》载："（齐）景公正昼被发，乘六马，御妇人以出正闱，刖跪击其马而反之，曰：'尔非吾君也。'公惭而不朝。"可见皇帝如果不戴冠就出门，竟会因此被门人冒死阻挡，且令其本人也惭愧不已。公元前480年，卫国发生了政变。孔子的两个弟子，子路和子羔都在卫国。当时，子路直入宫廷参加战斗，结果被打断了结冠的缨带，冠就要掉下来了。这个时候，子路高叫："君子死，冠不免！"于是停止战斗，结缨正冠，结果丧命。子路的做法非常极端，但从中可看出戴冠在当时是多么重要的礼节。

"簪"，小篆字形作"𣁋"，《说文解字》说解为"首笄也。从人、匕，象簪形"，即中间的为"人"构件，上边的构件像簪子之形，整字像人头上插着簪子。"簪"也叫"笄"，多用竹、玉、金属等制成。笄可分为发笄和横笄两种。发笄是专门固定头发的，横笄是固定冠冕的。古时女子十五岁时行及笄之礼，举行一个仪式，把女子的头发梳成成人的发髻，表示女子已经成人。已经许嫁的女子举行笄礼比较隆重，要宴请宾客。没有许嫁的女子举行笄礼较简单，到时请一位妇人给行礼的女孩梳一个发髻，插上发笄即可；仪式过后，取下发笄，依然恢复原来的丫髻。笄礼的形式一直保持到宋代，明清时渐渐消失，但仍有上"髻"风俗，即把"头发盘起"，这是女子出嫁时的一个环节，也是及笄之礼的遗风。到了今天，"及笄之年"一般代指女子十五岁。

用来束发的还有"帻"字，小篆作"幘"，《说文解字》："帻，发有巾曰帻，从巾责声。"即在头发上罩头巾，就是帻。汉代应劭《汉官仪》："帻，古卑贱执事不冠者之所服也。"帻是不能戴冠的地位卑下者佩戴的。汉代开始，帻也为戴冠者所用，不过帻上还要加冠，蔡邕《独断》说汉元帝额上有向下生的头发，不愿被人看见，于是就用帻遮盖，于是群僚就跟着戴帻。颜师古注《急就章》说："帻者，韬发之巾，所以整乱发也。常在冠下，或单著之。"就是说帻是包头发的巾，可在冠下面，也可单戴。

帼 冠 冕 弁

"帼"本指妇女头发上的饰物。古时候的贵族妇女，在举行祭祀大典时戴一种用丝织品或发丝制成的头饰，它的特点是宽大似冠，高耸显眼，内衬金属丝套或用削薄的竹木片扎成各种新颖式样，外面紧裹一层彩色长巾而成，有的还点缀着一些金玉珠翠制成的珍贵首饰。这种冠饰，戴在头上，罩住前额，围在发际，两侧垂带，结在项中，勒于后脑。既不同于发式，也不同于裹巾，而且可以随时取下，也可随时戴上。先秦时期，男女都能戴帼，用作首饰；到了汉代，才成为妇女专用。因巾帼这类物品是古代妇女的高贵装饰，人们便称女中豪杰为"巾帼英雄"，后人又把"巾帼"作为妇女的尊称。传说诸葛亮曾送给司马懿一顶巾帼，就是讥讽司马懿像个女人，不敢与蜀兵交战。

如前所述，"冠"有两个意义，除了表示束发用具，还是弁冕等贵族服饰的总称，即类似今天像帽子一样戴在头上的一种服饰，它的作用是一种身份地位的象征。《礼记·内则》："有虞氏皇而祭，深衣而养老；夏后氏收而祭，燕衣而养老；殷人哻而祭，缟衣而养老；周人冕而祭，玄衣而养老。"冠出现得很早，不同时期有不同的名称，即夏代称为"收"，商代称为"哻"，周代以后称为"冕"。"冕"西周金文作"冖"，像人戴冕之形，后来增加构件作"冕"。

周代以前的冕冠样式，到汉代创立时已经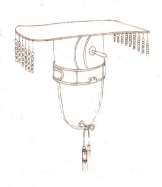失传。汉初帝王祭祀时所戴的冠是刘邦创造的长冠。东汉明帝时为了进一步规范礼制，特别要求有司及儒学大师根据典籍，重新制定了冕冠制度，并一直传袭下去，直到明亡后汉族冠服制度的取消。冕冠的形制特点是，上面有长条形的板子叫"延"或"冕版"。冕版通常是前圆后方，象征天圆地方；前低后高，寓意俯伏谦逊。冕版表面多裱以细布，上面漆成黑色，下面漆成浅红色。两端分别垂有若干串玉珠，称为"旒"，穿珠的彩绳是以五彩丝线编织而成，称为"藻"。珠串的多少依身份不同或多或少，以十二旒为最尊贵，专用于帝王。冕冠是重大祭祀时才戴的礼冠，平时是不能随意戴的，因此，冕冠实际上就是一个象征符号。

弁，古代贵族男子穿礼服时戴的一种次于冕的帽子，甲骨文作"𠔉"，西周金文作"𠔉"，籀文作"𠔉"，《说文解字》小篆或体"𠔉"，都像双手扶冠之形，即以双手"敬以承之也"。弁有爵弁、皮弁、韦弁之分。一般认为爵弁的形制像冕，但顶上的版前后平，无旒，颜色像雀头。爵弁服是古代的士协助君主祭祀时的服饰，士亲迎等仪式也可服，是士的最高服饰。皮弁用白鹿皮制成，由几块拼接而成。皮弁服是天子、诸侯、大夫的次于冕的礼服。韦弁是打仗狩猎时的弁。由于韦弁是打仗狩猎时所戴，又成为士的常服。

"巾"字甲骨文作"巾"，像佩巾下垂之形，"巾"本是用来擦抹、包裹或盖东西的小块织物，戴在头上就称为"头巾"，与现代陕北农民用白羊肚手巾包头相类似。古代贵族戴冠，平民百姓则主要是戴头巾。春秋战国时期，士兵来自于平民，多用青布包头，军队有称之为"苍头军"的，如《战国策·魏策》："今窃闻大王之卒，武力二十余万，苍头二十万。"东汉时受玄学影响，人们对传统礼仪俗法有一种抵触或反叛的心态，认为戴头巾很轻松，甚至很风雅，因此在魏晋南北朝时期，头巾在读书人中广为流行，并发展成一种"折角巾"。"角巾"进而成为文人隐士的象征，成语"角巾私第"正式保留了这种象征的使用。成语"角巾东路"意谓辞官退隐，登东归之路，后成为归隐的典故。

从头巾又演变出幞头，就是在方巾上剪裁出四条脚带，并将四脚接长，形成宽带，这样系裹在头上，不仅方便，而且比较稳当，不容易散开。幞头于唐代盛行，唐代男子的典型服饰离不开幞头。

帽是戴在头上的首服的统称，主要用于防寒保暖。《说文解字》未收"帽"字，说明该字出现较晚。但《说文解字》中有"冃"字，小篆作"冃"，说解为："小儿蛮夷头衣也。从冂；二其饰也。"意思是少数民族小孩戴的帽子；又有"冒"字，小篆作"冒"，古文作"冒"，其中"冂"构件表示帽子，里边的构件代表人头，整字表示头上戴着帽子。可见，帽子本是少数民族人士戴的，不合中原规范。三国时连年战乱，人们不怎么讲究传统的冠冕制度了。曹操根据上古的鹿皮弁创制了"帢"，其特点是尖顶、无檐、前端有缝，由于曹操的提倡，帢广泛流传于朝野，并被后世继承。帢的造型特征已与少数民族的帽子没什么大差别，渐渐地人们把帢帽混称，而后来"帽子"成了"一统天下"的称呼。

乌纱帽作为官宦的代名词是在明代才正式开始的，在此之前，头巾逐渐演变成幞头，幞头逐渐演变成纱帽。隋唐时，天子百官庶人都可以戴乌纱帽，后来宋代在纱帽的两边加上双翅，而官员的纱帽以黑色为主，到明代时，将纱帽定为文武官的礼帽。明代开国皇帝朱元璋定都南京后，于洪武三年作出规定："凡常朝视事，以乌纱帽、团领衫、束带为公服。"意思是，文武百官上朝和办公时，一律要戴乌纱帽，穿圆领衫，束腰带。另外，取得功名而未授官职的状元、进士，也可戴乌纱帽。从此，乌纱帽成为只有当官的才能戴的帽子，平民百姓就不能问津了。乌纱帽慢慢成为官宦的代名词。明代官帽的帽翅多为椭圆铲形，这一典型形象在戏剧舞台上有充分的表现。

2. 体衣

《墨子·辞过》"古之民未知为衣服"，后来经"圣王"定下了"衣服之法"，人才穿上了衣服，目的在于"适身体，和肌肤"。《释名·释衣服第十六》说："上曰衣，衣，依也，人所依以芘寒暑也；下曰裳，裳，障也，所以自障蔽也。"我国古代服装的基本形制是"上衣下裳制"。下面选取其中最具代表性的，分上衣、下衣两部分来分别介绍。

"衣"，甲骨文写作""，西周金文作""，像开领上衣左右襟相掩

孔子像

之形。甲骨文字形是右领压住左领，即"左
衽"；金文字形是左领压住右领，即"右
衽"，这说明最初对上衣左衽还是右衽没
有严格规定。至迟到周代，中原地区已经
形成了"右衽"的风俗，而"左衽"则是
北方少数民族和西域胡人的衣服款式。《论
语·宪问》里有一条："微管仲，吾其被发左
衽矣！"这意思是说，如果没有管仲，我们
恐怕要披头散发穿左衽的衣服了！这是孔子
对管仲辅佐齐桓公的"尊王攘夷"之功的肯
定。当时"被发左衽"是北方少数民族的习
俗。由于管仲辅佐齐桓公成功抵御了当时某

些北方民族对中原地区的侵扰，保护了中原地区的周王室与诸侯国，所以
孔子用这句话表扬他。

　　"襦"（rú）字的形旁为"衣"，本义是短上衣，是一般人平时御寒所
服。"襦"有长襦短襦之分，齐膝的叫长襦，汉代辛延年《羽林郎》"长裙连
理带，广袖合欢襦"；齐腰的短襦称腰襦或小襦，《孔雀东南飞》"妾有绣腰
襦，葳蕤自生光"，其中腰襦就是短襦。襦和裙对称时，可叫"上襦"，如
《陌上桑》"缃绮为下裙，紫绮为上襦"。襦既是御寒之衣，一般就会有里子，
如古乐府《妇病行》"抱时无衣，襦复无里"。

　　"複"从衣复声，本义就是夹衣。《说文解字》："複，重衣貌。"《释名·释衣服第十六》："有里曰複，无里曰禅。"显然，"複"是相对单衣的"禅"而言的。本义为夹衣的字还有从衣合声的"袷"，《说文解字》说解为："袷，衣无絮。"

"袍"从衣包声，形旁"衣"标志所属的大类，声旁"包"兼表义，有包住全身的意思，本义是长至脚背的长袄，有里子面子，中间絮丝绵或乱麻，一般说来，穿不起裘的人才穿袍。《诗经·秦风·无衣》："岂曰无衣，与子同袍。"这里指战袍。汉以后有绛纱袍、皂纱袍，袍成了礼服了。袍还有另一个含义，类似后代睡衣，《礼记·丧大记第二十二之二》"袍必有表，不禅，衣必有裳，谓之一称"，郑玄注："袍，褻衣，必有以表之乃成称也。"表是罩衣，最初，袍是睡衣，只能家居时穿。

"裘"字甲骨文作""，像毳毛在外的皮衣之形，说明了裘的本义就是我们现在说的皮草。"表"字小篆字形作""，从衣从毛，《说文解字》说解为"古者衣裘以毛为表"，也说明裘的特点是毳毛在外。贵族穿裘，在行礼或待客时要罩上罩衣，否则被视为不敬。《礼记·玉藻》："表裘不入公门。"就是说裘上不加罩衣不能到正式场合。罩衣叫做"裼"，裼衣的颜色必须与裘衣相谐调。《礼记·玉藻》说："君衣狐白裘，锦衣以裼之。"意思是国君的狐白裘上要罩素锦裼衣。《论语·乡党》中说"缁（zī，黑色）衣羔裘，素衣麑（ní，小鹿）裘，黄衣狐裘"，平常家居，裘上不加裼衣，庶人穿犬羊之裘，也不加裼衣。

用以做裘的皮毛多种多样，例如狐、豹、虎、熊、犬、羊、鹿等，后来还有狼裘、兔裘等。其中狐裘和豹裘最为珍贵，为达官贵人所穿，《史记·孟尝君列传》："此时孟尝君有一狐白裘，直千金，天下无双。"可见这种狐白裘价值不菲，它是用狐腋下最柔软最温暖的皮毛制成的，由于稀少，因此显得珍贵。至于诗仙李白放歌"五花马，千金裘，呼儿将出换美酒……"更是采用了夸张的手法，以显示李白对钱财的不在意。狐裘珍贵，主要用于正式场合。羊裘和鹿裘是粗劣之裘，因此穿羊裘、鹿裘常被用来形容人贫穷或生活简朴。《史记·刘敬列传》记载刘敬贫困时曾穿羊裘而自称"衣褐"。

"褐"字《说文解字》说解为："编枲袜。一曰粗衣。"可见"褐"有两个意义，一是用粗麻编织的袜子，二是用粗毛或粗麻制成的衣服。这种用粗麻编织的"褐"不仅不华丽，而且分量重，不保暖，是贫苦人所穿，成为贫苦人的标志，所以古人常以脱去褐衣表示做官，叫做"释褐"。扬雄《解嘲》："夫上世之士，或解缚而相，或释褐而傅。"

"衮"字从衣公声，《说文解字》说解为："天子享先王，卷龙绣于下幅，一龙蟠阿上乡。"衮是古代帝王祭祀先王时所穿的礼服，也称衮衣、衮服。衮服上面的章纹都有其各自特定的含义和象征性，在历朝历代的帝王的法服上延续不变。在这里服饰的意义早已不再是简单的衣服，而是上升为精神的承载体。

"褒衣"也就是内衣,是最具隐秘性的服饰形制。《说文解字》:"褒,私服。"褒衣又叫衷衣。《说文解字》把"衷"说解为"里褒衣",说明"衷"的本义也是内衣。内衣在汉代称"抱腹"或"心衣","心衣"的基础是"抱腹","抱腹"上端不用细带子,而用"钩肩"及"裆"就成为"心衣"。两者的共同点是背部袒露无后片。

"带"小篆字形作"帯",《说文解字》说解为:"绅也。……象系佩之形。佩必有巾,从巾。"带子主要起到束腰的作用,一般系在腰上,后来称之为腰带。腰带出现得比较早,旧石器时代的先民捆扎兽皮、树叶的绳索,就是腰带的雏形。新石器时代由于缝纫技术的提高,布帛的出现,腰带增加了装饰的意义。仰韶文化有腰带陶环,江苏邳州出土了长方形的腰带骨环,说明这个时代的腰带已经比较讲究了。带分大带、革带。大带主要用来束腰,革带主要用来系韍(fú)并悬挂配饰。腰带扣合的地方有金制、银制、铜制、铁制、革制等,以此来显示地位的尊卑。

大带打结后余下的垂下部分称之为绅。邢昺在《论语注疏》中说:"以带束腰,垂其余以为饰,谓之绅。"现代汉语有"缙绅"的说法,指的是贵族士大夫,主要是因为士大夫在上朝的时候把记事的笏板插在腰带间,叫做"缙绅"。

"市"（fú）字金文字形作""，小篆字形作"市"，像在巾上有一条横带之形，《说文解字》说解为："韠也。上古衣蔽前而已，市以象之。天子朱市，诸侯赤市，大夫葱衡。从巾，象连带之形。""市"还可以写作"韍"和"芾"。"市"本是悬垂在小腹下的遮羞布，汉以前一般用皮革，魏晋以后一般用丝罗。汉以后又称"蔽膝"，形似围裙，系在腰间，其长蔽膝，为跪拜时所用。从商周到元明一直保留此古制，即将其作为装饰物蔽于裳前，并与庄重华丽的礼服相配。古人用这种方式表达对先人的尊崇和对古制的尊重。市是古人的命服，其制作和穿着上必然存在着等级差别。根据礼制，"市"的颜色从天子到诸侯到大夫都有严格规定。

　　"裳"，初文作"常"，《说文解字》说解为"常，下裙也"，就是裙子。裳本来是由具有劳动保护作用的围裙发展而来的，属于马家窑文化类型的青海大通上孙家寨遗址出土的彩陶盆上有舞蹈文饰，一群女子穿长裙牵手而舞，距今约四五千年了。"衣"和"裳"是有分别的，衣主要指的是上装，裳主要指的是下裙。《诗经·邶风·绿衣》："绿兮衣兮，绿衣黄裳。"这句话的意思是绿色的上衣啊，黄色的裙子。《诗经·齐风·东方未明》："东方未明，颠倒衣裳。颠之倒之，自公召之。东方未晞，颠倒裳衣。"说的是穿衣服太匆忙，把上衣和下衣都颠倒了。"裳"是由很多幅布连接而成的，郑玄在《仪礼》注中谈道："凡裳，前三幅后四幅也。"前后加起来大概是七幅布，所做成的应该是比较长的长裙。穿裙装在魏晋以前，并不是女性的专利，男女都着裙装。后来，裙子成为凸显女性身材曲线，展现女性魅力的主要服装。

　　我国古代服装形制在上衣下裳的模式形成之前，以一方布巾遮蔽下阴，即"市"；腿上则用布条缠绕，叫做"邪幅"。在《诗经·小雅·采菽》中"赤芾在股，邪幅在下"描写了周代贵族仪服，保留着古老服饰形制的特点。邪幅即后世之行縢、绑腿，是用布条斜缠于腿。后来，由邪幅逐渐演化出"裤"，"裤"有多种写法，如"绔"、"袴"，都是形声字，形旁"衣"表示字所属之类，"糸"表示所用材料，声旁"夸"兼表义，"夸"甲骨文作"李"，像两腿分开之形。《释名·释衣服》："绔，跨也，两股各跨别也。"说明裤分两裤腿，两腿分别套入裤腿。最初的裤子没有裆，只有两个裤筒，套在腿上，不包裹臀部、阴部，用带子系在腰间。《说文解字》："绔，胫衣也。"段玉裁注："今所谓套袴也。左右各一，分衣两胫。"绔是保暖之衣，往往作为一种奢侈品而存在。"纨绔"是用细绢制成的裤，是有钱人的服装。后来用"纨绔子弟"来指代富贵人家不务正业的子弟。

　　显然，最初的裤并不便于劳作。我们今天所穿的裤子，是赵武灵王提倡"胡服骑射"引进华夏大地的。据《史记》记载，战国时期的赵国，在与胡人部落交战中常常处于不利地位。鉴于这种情况，赵武灵王就想向胡人学习骑马射箭。要学习骑射，首先必须改革服装，采取胡人的短衣、长裤服式。于是，赵武灵王于公元前302年开始改革。他力排众议，在大臣肥义等人的支持下，下令在全国改穿胡人的服装，因为胡服在日常生活中做事也很方便，所以很快得到人民的拥护。

古代的裤子是没有裆的，据考证，古人的裆部的确是什么也不穿，这是因为古人的上衣较长，像现代的大衣，可以遮盖裆部，正是因为裆部无衣，所以古代的礼制规定，不是过河的话，不准把外衣提起来。如《礼记·曲礼上》："不涉不撅。""撅"即撩起衣服，意思是不蹚水过河就不要撩起衣服，以免"出乖露丑"。

裈（kūn）是后来才出现的，有两种形制，一种为短式，似今天的三角短裤，称为"犊鼻裈"；一种为长式，如今日之衬裤。其特点是都出现了裆。"犊鼻裈"因形似牛鼻而得名，不缝裤管，只是用一块布缠于裆部，山东沂南汉画像石上，有其形象，确实像犊鼻。犊鼻裈是贫贱劳作者所穿，《史记·司马相如列传》记载："而令（卓）文君当炉，相如身自著犊鼻裈，与保庸杂作，涤器于市中。"这是司马相如有意穿犊鼻裈以示其贫贱，出老丈人卓王孙的丑。魏晋时代"竹林七贤"之一的刘伶，嗜酒如命，《世说新语·任诞》记载了他的独特言语："刘伶恒纵酒放达，或脱衣裸形在屋中，人见讥之。伶曰：'我以天地为栋宇，屋室为裈衣。诸君何为入我裈中！'"

3.足衣

穿在脚上的都可以叫做足衣，包括各种鞋子和袜子。它们出现的年代比衣服要晚，夏代以后鞋子才成为人们的必穿之物，袜子则更晚。

"屦"是鞋最早的名称，特指单底鞋。屦是用葛、麻、皮、丝等材料制成的，底子比较薄。古代一般夏天着葛屦，冬天着皮屦。葛屦和皮屦都是比较高级的屦，用丝作的丝屦就更为奢侈，连士人君子都认为是铺张。只有显贵高官等有钱人才穿得上丝屦，一般百姓是穿不起的。

"履"《说文解字》古文作""，由"页、足、舟"三个构件组成，"页"像突出头部的人形，表示意义与人有关；"足"和"舟"都是行进的凭借，整字表示人行进之意，本义就是"行进"，战国以后引申为鞋的通称。小篆作"履"，《说文解字》说解为："足所依也。从尸，从彳，从夊，舟象履形。一曰尸声……古文履从页，从足。"也是把"履"解释为鞋的通称。

在古人眼里，"履"还是"礼"的体现。《释名·释衣服》："履，礼也，饰足所以为礼也。""履"和"礼"之所以有这样的关系，大体有这样几个原因：首先，二者上古读音相同，古代经学家和训诂学家热衷于"声训"，所以"履"训"礼"，"礼"也训"履"。其次，古人认为"礼"是可以实行、履行的，而"履"正有这个特征。再次，服装整齐本身就是"礼"的表现，所以《释名》说"饰足所以为礼也"。

木底有齿的鞋叫屐，屐可以踩在泥地上防污。《释名·释衣服》："屐可以践泥也。"颜师古《急就篇》注："屐者，以木为之，而施两齿，可以践泥。"《资治通鉴·晋孝武帝太元八年》："过户限，不觉屐齿之折。"可证屐有齿。《南史·谢灵运传》："（灵运）寻山陟岭必造幽峻……登蹑常着木屐，上山则去其前齿，下山去其后齿。"后来人们便把这种屐叫做谢公屐。李白

《梦游天姥吟留别》：“脚著谢公屐，身登青云梯。”现代社会中，木屐仍普遍保留在日本人民的日常生活中。

"舄"的小篆字形作""，上面像鸟头，下面像鸟尾及脚，本义是一种鸟，在《说文解字》中"舄"是"鹊"的异体字，读作què。"舄"作鞋讲可能是因为这种鞋的形状像鹊鸟的样子。

舄设计巧妙，可以防水。在先秦，舄是帝王之服。如《诗经·豳风·狼跋》："公孙硕肤，赤舄几几。"汉代帝王仍穿舄，如《汉书·东方朔传》："贵为天子，富有四海，身衣弋绨，足履革舄。"舄与普通鞋最大的区别在于它的鞋底。舄的鞋底制成双层，贴近脚的部分是布底，下面用木头做成托底，所以舄底很厚。这种样式有其实用目的：古代朝祭形式繁复，行礼者需要站立很长时间，舄的木底可以避开地面的潮湿，特别是祭坛设在郊外的"郊祭"，行礼者在清晨或雨雪天气中站立于泥湿之地，舄底可以非常有效地解决湿透鞋底之苦。作为礼制的产物，舄是在中国传统礼制走向成熟的商周时期产生的。舄的帮面通常以皮革制成，染有不同的颜色，根据周礼的规定，君王后妃及公卿百官所穿之舄，在不同的场合，必须着不同的颜色，并且必须和官服相配。舄的颜色以赤色为最高，周天子在最隆重的祭祀活动中，脚下要穿赤舄。汉代以后，舄成为一般鞋履的通称。如《史记·滑稽列传》："日暮酒阑，合尊促坐，男女同席，履舄交错，杯盘狼藉。"可见"舄"与"履"一样成为鞋的普遍通称。

靴，从革化声，革的本义是去掉毛的兽皮，即我们今天所说的真皮。"靴"和"鞋"都以革为表义构件，说明兽皮常用作制鞋的原料。靴原为中国北方游牧民族所穿，它的特点是有长筒，又称"马靴"和"高筒靴"。靴的样式有旱靴、花靴、皮靴、毡靴、单靴、棉靴、云头靴、鹅顶靴等等。

"袜"字异体繁多，包括"韈""韤""襪"，它们的部首依次为"革""韦""衣"，"革""韦"说明其质料常常是兽皮，"衣"说明其类属。古代袜子是用带子系的。《史记·张释之冯唐列传》："王生老人，曰：'吾袜解。'顾谓张廷尉：'为我结袜。'释之跪而结之。"这里的结袜就是把袜子带系好。古人登席必脱袜，否则为不礼。《左传·哀公二十五年》："（卫侯）与诸大夫饮酒焉，褚师声子袜而登席。公怒。"按照古代礼节，臣见君，需解袜然后登席，褚师穿着袜子登席，卫侯以为对自己不敬，所以"怒"。

二　古代饮食烹饪

"民以食为天"，中国的饮食文化源远流长。人类最初的饮食方式与一般动物没有明显区别，他们获取食物后，一般都是生吞活剥，就如《礼记·礼运》所说："未有火化，食草木之实，鸟兽之肉，饮其血，茹其毛。"即不经火烧，便生吃草木的果实、鸟兽的肉，喝它们的血，吃它们带毛的肉。华夏先民"茹毛饮血"的历史非常长久，生食的传统甚至局部地保留到了现代。

人类在学会使用火之后，饮食种类和方法日益丰富。有些饮食文化现象封存在汉字形体中，成为我们今天探讨饮食文化的重要依据和载体。

1. 古代的各种饮料

"饮"的甲骨文字形为""，像一个人弯腰对着酒坛张口伸舌之形。《说文解字》古文字形""从水今声，""从食今声。小篆字形""从欠（像人张大口之形）从酉（像酒坛之形）今声。楷书字形从食从欠。简化为"饮"。可见，"饮"的造字取象为饮酒，后引申泛指饮各种液体，即喝。《仪礼·公食大夫礼》："饮酒浆饮，俟于东房。"

现代人一提到汤，恐怕首先想到的是"汁多菜少的菜肴"，如"绿豆汤""鸡汤"。在古代，"汤"中可没有菜，就是热水、沸水。《孟子·告子上》："冬日则饮汤，夏日则饮水。"其中汤和水分别指热水和冷水。"汤"的这个意义在成语"金城汤池""赴汤蹈火"中还保留着。

《说文解字》"浆，酢浆也"，本义是一种微酸的饮料。《孟子·梁惠王下》："以万乘之国伐万乘之国，箪食壶浆，以迎王师。"意思是说百姓用箪盛饭，用壶盛饮料来欢迎他们爱戴的军队。

"酒"甲骨文作""，两边是水，中间是酒器，本义是用粮食或水果酿成的含乙醇的饮料。金文作""，像酒器之形。我国是酒的故乡，也是酒文化的发源地，是世界上酿酒最早的国家之一。晋人江统在《酒诰》里载有："酒之所兴，肇自上皇……有饭不尽，委余空桑，郁积生味，久蓄气芳。本出于此，不由奇方。"说明煮熟了的谷物，丢在野外，在一定自然条件下，可自行发酵成酒。人们受到这种启示，逐渐发明了人工酿酒。

我国古代的酒大体上分两种：一为果实谷类酿成之色酒，二为蒸馏酒。色酒起源于远古时期。据说是夏代的仪狄始作酒，少康（一作杜康）作秫酒。最早的酒是用果实和花朵酿制的，而非谷类之酒。谷类之酒应起于农业兴盛之后，有人认为应始于殷。因为殷代农业生产已比较发达，谷物比较丰富，用之作酒，势所必然。用果实和谷物酿酒成为以后几千年的传统工艺，其特点是把果实或粮食蒸煮后，加曲发酵，压榨而后才出酒。《水浒传》中武松喝的十八大碗酒，就是果酒或米酒。随着人类的进一步发展，酿酒工艺也得到了进一步改进，由原来的蒸煮、曲酵、压榨，改而为蒸煮、曲酵、蒸馏，最大的突破就是对酒精的提纯。

历史上，有因酒误国的商纣王，《史记·殷本纪》记载，商纣王"以酒为池，县（悬）肉为林，使男女裸相逐其间，为长夜之饮"，是典型的以酒误国的昏君，最终导致商代的灭亡。因此，周天子在商人的聚集地曾发布严厉的禁酒令。

"醴"《说文解字》说解为"酒一宿孰（熟）也"，醴是一种发酵度很低的甜水，是祭祀或食用的淡饮料。《汉书·楚元王传》："穆生不嗜酒，元王每置酒，常为穆生设醴。"颜师古注："醴，甘酒也。少曲多米，一宿而熟，不齐之。"意思是说，这种饮料稍稍放一点酒曲，基本上还是原来米汤的味道，酒味极淡，连配方都不需要。

2. 粮食与主食

"黍"的甲骨文作"𥝂"或"𥝂"，像散穗下垂的庄稼，旁边的水点表示这种庄稼可以酿酒。黍是原始农业时期的重要作物，它生长期短、抗旱、耐寒，适应北方干旱寒冷的特点，是北方的主要粮食作物之一。黍在商代、西周人的心目中地位很高，祭祀时一定要献上黍子。但黍子的产量很低，随着生产力的提高，一些产量较高的农作物渐渐取代了黍。到春秋战国时期，黍子的种植量已经很少，而且被排斥在"五谷"之外。但是祭祀时，人们仍然要献上黍子，这是因为：黍子是最古老的作物之一，贡黍表示人们不忘本的观念；同时黍子的气味很香，古人认为馨香的气味可以使鬼神闻到。《尚书·君陈》："黍稷非馨，明德惟馨。"意思是说，黍稷并不馨香，只有光明的德行才能香气远扬。这当然是统治者的说教；但从另一角度说明，黍子确实有较浓的香气。"香"的小篆字形"𪐗"从黍从甘，也说明黍子的香气很浓厚，很典型。黍子有浓厚的香气，所以古人常用黍子酿酒。这一点可从有的"黍"字甲骨文有"水"构件的字形中得到反映。

黍是黏性食物，又称黏小米，因此"黏"字以"黍"为部首。作为食物，黍的口感很好。但是由于产量低，在商周时期，除了祭祀外，只能供贵族享用。春秋以后，黍子的地位降低了。《韩非子·外储说左下》记载了这样一个故事：鲁哀公赐给孔子桃和黍。孔子先将黍子吃了再吃桃。左右的人见了都掩口而笑。鲁哀公便对孔子说："那黍子不是让你吃的，是用来擦拭桃毛的。"孔子回答说："我知道。但是黍是五谷之长，是祭祀时的高级祭品，而桃子在瓜果中为下品，祭祀时连作为祭品的资格都没有。君子用低贱的东西擦拭高贵的东西，没有听说过用高贵的东西来擦拭低贱的东西。"可见，春秋末年，统治者和一般人都比较轻视黍子，只有像孔子那样一心想恢复周礼的人，才看重黍子。而他的行为已不为当时人理解，被看作是十分可笑的事情。

"稷"在黄河流域随处可见，被称为五谷之长，后来被尊奉为谷神。《说文解字》古文字形作"𥞞"，左边的构件表示意义类属，右边的构件像突出大头的人形，整字构意就是谷神。中国历史上有两位谷神，都被称作"稷"。一位是炎帝的儿子"柱"，一位是周始祖"弃"。传说炎帝族最早开始从事农业生产，因此炎帝被称为"神农氏"，"柱"作为神农氏的儿子，主要负责谷物种植，是当时的农官，被称为"稷"。周始祖"弃"在儿童时代，就喜欢种植麻、豆等；成人后，喜欢农业生产。他根据土地的特点，种植适宜的谷物，老百姓都跟他学农业生产的方法。尧听说后，推荐他做主管农业的官，使天下人得到农业生产的好处。人们称他为"后稷"。两位不同时代为农业生产做出巨大贡献的人都被称作"稷"，可见"稷"在谷物中的地位。

"稻"的甲骨文作"𦥑"，像获稻在臼中将舂之形，金文作"𦥑"，像米禾在臼旁，从爪，表示手持之。稻子的籽实外壳坚硬，要舂去壳才能煮食。"稻"的古文字形形象地表明了稻米加工的过程。

"麦"的甲骨文作""，金文作""，像一株连根麦的全形：左右两旁下垂的折线表示斜垂的叶子，上端为颖，下部为根，中间为茎。麦子是中国北方的主食，周代以为天所赐得。汉代以前，麦子的食用方法主要是用麦仁煮粥，汉代以后，改为将麦子磨粉后做成蒸饼等食用。所磨成的粉叫"麵"，简化为"面"。

"尗"小篆字形作"尗"，为象形字，其中的"—"表示土地，中间的竖线表示茎，上部一点为豆荚，下边两点为茎的根瘤。《说文解字注》说解为："豆也。象尗豆生之形也。"后来写作"菽"。"豆"本来是器皿的名称，由于"豆"和"菽"古音相通，常常借用"豆"来记录"菽"，秦汉以后用"豆"成为常例。

甲骨文字形作""，像食物在器，上有盖之形，本义是食物。以"食"为部首的字大都与食物有关。"食"还可称为"饭"，中国人吃饭

的历史非常早，《周书》记载"黄帝始蒸谷为饭"，可见，饭最初专指米饭，后来泛指各种饭食，因此《说文解字》把"饭"说解为"食也"。准确地说，饭主要指制熟后的主食。

粮 糧

"粮"繁体字作"糧",以"米"为部首,"米"字甲骨文作"米",像米粒琐碎纵横之状。以"米"为部首的字大都与粮食有关。"粮"专指旅途中所带的熟食。《周礼·廪人》:"凡邦有会同师役之事,则治其粮与其食。"这里"粮"与"食"相对而言,二者的区别是:粮主要指路上带的干粮,所谓"行道曰粮";而"食"主要指一般意义上的食物。古代人们出远门,要带干粮,所带干粮的多少,要根据路程、天数、人数等预先估算好,因此"糧"的声符"量"兼有表义功能。文献记载,孔子曾在陈"绝粮",意思是他周游列国的路途中带的干粮吃完了。古代行路的使者到了友好国家,一般都要接受这些国家的资助,资助的食物主要有肉干和糗粮。"糗"专指炒熟的干粮,《说文解字》把"糗"说解为"熬米麦也",即干炒的米麦,有颗粒状的,也有炒完后磨成粉的。干炒的米麦有一股香味,因此它的声符"臭"兼有表义功能。《孟子·尽心下》:"舜之饭糗茹草也,若将终身焉。"意思是舜在吃干粮咽野菜的时候,就像打算终身这么过日子似的。

粥 糜

"粥"的小篆字形作"鬻",从米从鬲。"鬲"中间的"鬲"本义是古代炊具,两旁的曲线表示蒸汽上腾之形。本义是稀饭,泛指粮食煮成的半流质的食物。《周书》记载"黄帝始烹谷为粥",说明粥起源很早。作为一种简单食物,粥为一般贫贱人家所食用,贵族阶层居丧时以食粥为礼。《礼记》:"亲始死……三日不举火,故邻里为之糜粥以饮食之。"意思是父母去世时,孝子三日不生火做饭,邻里熬点粥送过来给他们吃。臣民对于君上的去世，与孝子对待父母的礼节相同，即"君之丧，子、大夫、公子、众士皆三日不食"。然而，春秋时期，礼崩乐坏，已有很多不守礼的现象存在。《礼记·檀弓》记载："悼公之丧，季昭子问于孟敬子曰：'为君何食？'敬子曰：'食粥，天下之达礼也。吾三臣者之不能居公室也，四方莫不闻矣。勉而为瘠，则吾能。毋乃使人疑夫不以情居瘠者乎哉？我则食食。'"意思是说，鲁悼公去世，鲁国居丧。季昭子到孟敬子那咨询说："君上去世，我们这些臣子应该在居丧时吃什么呢？"孟敬子回答说："应该吃粥，这是天下的通礼。然而我们三家（即孟孙氏、叔孙氏、季孙氏）不能守公室之礼，早已与君上闹翻了，这是天下无人不知的。如果让我勉强行君臣之礼而在居丧期间吃粥，我也能做到。但是，这样做恐怕会让天下人都怀疑我们不是出自真心，而是假惺惺地行臣礼。与其招致这些闲话，不如我还是吃我平时的食物吧。"这个故事从反面说明了古人在居丧期间只能吃粥。由于粥具有稀软的特点，比较好消化，因此比较适合胃弱的人食用。《战国策》记载，赵太后年老体弱，触龙拜见赵太后时首先问她："您每天饮食怎么样？"赵太后回答说："每天主要喝点粥。"

如果粥煮得时间太长了，其中的米已不成粒儿，而成糊状，就叫做"糜"。《释名》把"糜"说解为："煮米使糜烂也。"

"饼"是我国古代面食的总称。《说文解字》把"饼"说解为："面餈也。从食并声。"《释名·释饮食》说解为："并也。溲面使合并也。"宋黄朝英《缃素杂记·汤饼》："余谓凡以面为食具者，皆谓之饼，故火烧而食者呼为烧饼，水瀹而食者呼为汤饼，笼蒸而食者呼为蒸饼。"其中"烧饼"是指直接用火烧烤的面食，即今天所说的烧饼；"汤饼"指带汤的面食，包括今天的面条、面片、饺子、馄饨等。面条又叫索饼，取其样子如绳索状。面条因长而细，谐音"长寿"（瘦），成为历来生日时的专用食品；"蒸饼"因避讳宋仁宗赵祯的名讳，在宋代改名"炊饼"。根据《辞源》"蒸饼即馒头，亦曰笼饼"可知，炊饼就是馒头。《水浒传》中武大郎卖的炊饼就是馒头。馒头（或者说炊饼、蒸饼、笼饼）的特点是十分暄软，《晋书·何曾传》提到何曾"性奢豪……蒸饼上不坼作十字不食"，意思是如果馒头不裂开十字花纹就不吃，也就是说他专吃今天所说的"开花馒头"。南宋杨万里的《食蒸饼作》诗也提到何曾的这个特点："何家笼饼须十字，萧家炊饼须四破。"说明好的炊饼只要求暄软而不要求美观。

馒头（或者说炊饼、蒸饼、笼饼）暄软源于发酵。发酵在我国有十分悠久的历史。《周礼·天官·醢人》说醢人负责掌管"四豆之实"，醢人装在食器豆中的祭品就有一种叫做"酏食"的东西。"酏食"是什么呢？"酏"字从酉也声，即今天所说的发面引子，现在有的地方称之为"面肥""酵头"。因此"酏食"即发面馒头。

3. 烹饪方法

甲骨文有"倉"字，金文作"𩙿"，像宗庙之形，到小篆演变为"𩖕"或"𩾷"，楷定为"亯"，即今之"享"字。《说文解字》说解为："献也。从高省，曰象进孰物形。《孝经》曰：祭则鬼亯之。"本义是用食物来供奉鬼神，也就是"祭献"。"亯"字加"火"，写作"烹"，以后就专门承担了"煮熟"这个意思，专用于烹饪。

"饪"的古文有"饪"形，从肉壬声，本义是煮熟，引申为古代熟食的总名；进一步引申为食物生熟程度的标准。中国古代祭祀煮肉，在生熟程度上有腥、烂、糜、饪四种情况。腥是全生，烂是半生半熟，糜是过熟而烂，熟而不过称作饪。用于祭祀时，四种情况都可以入祭，可在供人膳食时，生熟必须适度，也就是要合乎"饪"的标准。所以《论语·乡党》"失饪不食"，不仅是礼节问题，实际上也是饮食卫生的问题。肉不熟，一难消化，二不卫生；过熟，一不鲜美，二失营养。"失饪不食"，确实是中国饮食已经高度文明的一种表现。

"庶"的甲骨文字形作"庶"，左边的构件像石块之形，右边的构件像火之形，整个字形表示以火烧石。烧热石头用以烙烤食物是古代一种烹饪方法。人类最初的烹饪就是把食物直接放在火上、炭上、热灰上和烧红的石头上来烤，"炙"字形体反映的就是这种用火直接烤肉的烹饪方法。后来人们才逐渐学会用水煮熟食物，方法是：用编织的或木制的不漏水的器皿来盛水，然后把炙热的石头投入水中，以煮食物。至于在器皿下燃火煮食物的烹饪方法，是陶器发明以后的事。"庶"的甲骨文字形，反映的正是以火烧热石头用以烙烤食物的方法。这种方法在松花江下游的赫哲族那里曾长期使用：用一个极大的木盆，内盛水，将肉放在其中，把烧红的石块浸入大盆水中，反复数次，即水沸肉熟。

炙 炮 燔

"炙",小篆字形作"炅",《说文解字》说解为:"炙,炮肉也。从肉在火上。"字形构意是肉在火上烤,本义是烧烤,即把去毛的兽肉串起来在火上熏烤。这是一种古老的食物加工方法,应该是在人类懂得如何用火之后就已经发展起来的一种烹饪法,不管是先秦文献记载中还是汉代画像砖上都有很多关于炙的反映。在《齐民要术·炙法第八十》中记载了"炙"的很多具体做法:"炙豚法""范炙""跳丸炙""捣炙""灌肠炙法"等等。有用整猪开腹去除五脏洗净后用茅填满腹腔而炙者;也有逼火偏炙一面随炙随割者,即边烤边吃;还有切成寸块极速回转而炙者;还有灌肠而炙者;作饼而炙者等等十余种做法。可炙之肉除了猪、牛、羊、鹿、鸭、鹅外,还有鱼、蛎等水产。其做法大概相当于今天的烤肉。

炮,《说文解字》说解为"毛炙肉也。从火包声"。《礼记·内则》注说:"炮者,以涂烧之为名也。""涂烧"就是把没有除去毛羽的烧烤对象用泥包裹起来,然后用火烤,烤熟后,将泥剥下时把毛带下来。《射雕英雄传》中洪七公最爱吃的叫花鸡就是用这种方法烤制的。

燔,也是古代的一种烧烤方法,它的特点是将成块的肉平铺于火上翻烤的炙法,不但烤熟,还要烤干以保存。《诗经》郑笺说:"鲜者毛炮之,柔者炙之,干者燔之。"炮者鲜,炙者柔,都不易保存,燔者烤干易保存,正是反映了三种炙法的不同之处。

此外,还有一种烹饪方法叫"熏",小篆字形作"熏",《说文解字》说解为:"火烟上出也。从中从黑。中黑,熏黑也。"即用烟气长时间熏制食物的烹饪方法。市面上的"熏鸡""熏兔"等都是用这种方法烹饪的。

炒 烙 煎 炸

"炒"是制作中国菜肴最常用的方法，就是在热锅里翻来覆去地不断搅拌，用火去掉粮食的水分，同时将它弄熟。"炒"可以用油作导热体，如"炒菜"是将原料用旺火在较短时间内加热成熟；还可以用沙子作导热体，如"炒花生"；还有的不借助其他导热体，直接干炒。炒也写作"煼"，陆游的《老学庵笔记》中写道："故都李和煼栗，名闻四方。"其中"煼栗"就是现在的炒栗子。另外，"炒"和"吵架"的"吵"常常通用，因为古代炒经常先用于对粮食的加工，炒粮食的时候，粮食在容器中搅动发出哗啦哗啦的响声。

"烙""煎""炸"三种烹饪方法都不用水，而用油作导热体。"烙"指用器物烫熨的意思，表示把面食放在烧热的铛或锅上加热使熟，如"烙肉饼""烙大饼"；"煎"是把食物放在少量的热油里弄熟，如"煎鱼"；"炸"作为烹饪方法，与煎的区别主要是"煎"时锅里的油比较少，而"炸"时锅里的油比较多，即把食物放在沸油中弄熟，如"炸饼""炸鸡"。

煮 熬 涮 氽 蒸

"煮"的小篆字形作"🔣"，两旁的曲线表示水蒸气，中间下边的构件是古代的烹饪器具"鬲"，上边的"者"构件表示读音；还有的字形突出鬲中有水，因此增加水构件作"🔣"，还有的字形突出其用火的特点作"煮"。从"煮"的这些古文字形体，我们可以将"煮"这种烹饪方式的特点概括如下：器皿中盛上水，把要烹饪的食物放在水里，用火把水烧开，用沸水把食物弄熟。如"煮饺子""煮鸡蛋"。

"熬"小篆字形也有两个，即"𤑔"和"𪌭"，前一个以"火"为表义构件，突出要用火熬；后一个以"麦"为表义构件，指出被熬的是粮食。作为一种烹饪方法，是把食物加水后放在文火上长时间地煮。如"熬鸡汤""熬粥"。

　　"涮"作为一种烹饪方法，是将易熟的原料切成薄片，放入沸水火锅中，经极短时间加热，捞出，蘸调味料食用的技法，在卤汤锅中涮的可直接食用，如"涮羊肉""涮火锅"。

　　"氽"从入水，作为一种烹饪方法，是把食物放在开水里稍微一煮，趁嫩盛出的一种方法，如"氽丸子"。

　　"蒸"是利用水蒸气使食物变热变熟的方法，如"蒸馒头""清蒸鱼"。

4. 烹饪饮食器具

　　"鬲"的甲骨文字形作"𠱠"或"𠱠"，金文作"𠱠"，小篆作"鬲"，像古代的三足炊具，与鼎的区别是下边的三足中空，可以盛物。鬲是古代常用的炊具。《说文解字》中有"䰛"字，中间是"鬲"，两边的曲线表示升腾的热气，整字表示用鬲做饭的样子。如"粥"的小篆字形"鬻"包含该构件，上边的"米"表示鬲中之物；"羹"的小篆字形"䰮"，包含该构件，上边的"羔"表示鬲中之物，具有表意作用；"糊"字小篆字形作"䰝"，包含该构件，上边的"古"具有表音功能；"煮"的小篆字形"鬻"包含该构件，上边的"者"具有表音功能。

鬲

　　"甑"的形制可从"曾"的甲骨文字形得到说明。"曾"的甲骨文作

甑

鼎

"𩰯"字，为"甑"字初文，像商周时期用于蒸饭的炊具，特点是在中间加上箅子，使炊具分为上下两层。《说文解字》籀文作"鬵"，从鬲曾声。

"鼎"甲骨文作"𣇄"，金文作"鼎"，小篆作"鼎"，像有两耳的鼎形。这种器物往往用来烹煮鱼肉和盛贮肉类，盛行于商周时期。《说文解字》："鼎，三足两耳，和五味之宝器也。"其实鼎有三足圆鼎，也有四足方鼎。最早的鼎是陶质的，后来又有了用青铜铸造的铜鼎。传说夏禹曾收九牧之金铸九鼎于荆山之下，以象征九州，并在上面镌刻魑魅魍魉的图形，让人们警惕，防止被其伤害。自从有了禹铸九鼎的传说，鼎就从一般的炊器而发展为传国重器。国灭则鼎迁，夏朝灭，商朝兴，九鼎迁于商都亳（bó）京；商朝灭，周朝兴，九鼎又迁于周都镐（hào）京。历商至周，都把定都或建立王朝称为"定鼎"。公元前606年，楚庄王伐陆浑之戎（今河南伊川一带），周定王派大夫王孙满去慰劳，楚庄王借机询问周鼎的大小轻重。王孙满说：政德清明，鼎小也重，国君无道，鼎大也轻。周王朝定鼎中原，权力天赐。鼎的轻重不当询问。楚庄王问鼎，大有欲取周王朝天下而代之的意思，结果遭到定王使者王孙满的严词斥责。后来就把图谋篡夺王位叫做"问鼎"。

鼎又是旌功记绩的礼器。周代的国君或王公大臣在重大庆典或接受赏赐时都要铸鼎，以记载盛况。这种礼俗至今仍然有一定影响。为庆贺联合国成立五十华诞，中华人民共和国于1995年10月21日向联合国赠送一尊青铜巨鼎——世纪宝鼎。西藏和平解放五十周年庆典之际，中央政府向西藏自治区赠送"民族团结宝鼎"，矗立于拉萨人民会堂广场，象征民族团结和西藏各项事业鼎盛发展。此举意义深远，文化内涵丰厚。

"釜"的金文字形作""，从缶父声；小篆字形作"髎"，从鬲甫声，或作"釜"，从金父声。本义也是炊具，圆底无足，置于灶上。盛行于汉代，有铁质的，也有铜质的，还有陶质的。成语"釜底抽薪""破釜沉舟"都说明釜是比较常用的炊具。

豆 簋 簠 俎

"豆"甲骨文作""或"豆"，像高足食器之形，后一个字形上部的横线表示盖子。豆盛行于商周时代，一般是木刻而成，并涂以漆，也有铜制或陶制的，陶豆等多为单耳、无盖，形制为敛口、弧腹、高圈足。《说文解字》"豆，古食肉器也"，即古时候用以盛肉的器皿。如《国语·吴语》："在孤之侧者，觞酒、豆肉、箪食。未尝敢不分也。"其中的"豆肉"意思是放在食器豆中的肉。豆是古代筵席间必不可少的餐具，周代官制中设有醢人，专门负责豆中必备的各种食物，说明豆是当时每餐必备的食具。豆也是祭祀的礼器，常与俎连言，泛指祭祀。《论语·卫灵公》："俎豆之事，则尝闻之矣。"就是说祭祀的事情。

"簋"（guǐ）甲骨文作""，金文作""，左边的构件像圆腹侈口圈足的器皿，右边的构件像手拿长勺之形，整字构意是手拿长勺于器皿旁。"簋"的本义就是盛食物的器皿。《说文解字》古文作""（从匚从飢）或""（从匚軌声）或""（从木九声），小篆作"簋"，《说文解字》说解为："黍稷方器也。从竹从皿从皀。"但郑玄为《周礼·地官·舍人》"凡祭祀，共簠簋，实之陈之"作注说："方曰簠，圆曰簋，盛黍稷稻粱器。"也就是说簋应是圆形的。可见，簋主要用来盛黍稷

簋

稻粱，以竹、木或金属制成，从出土文物看，簠大多有两耳。这种食器战国以后主要用作宗庙礼器。

簠

"簠"（fǔ）字金文作"▨"或"▨"，从匚古声；《说文解字》古文作"▨"，从匚夫声；小篆作"簠"，《说文解字》说解为："黍稷圜器也，从竹从皿甫声。"但是，根据出土文物和郑玄注释，簠是用来盛黍稷稻粱的方形食器，以竹、木或金属制成。

俎

"俎"字甲骨文作"▨"，中间的构件为肉块，外边的构件为用来盛放牲体的俎；金文作"▨"或"▨"，前一个字形像俎，后一个字形右边加一个"刀"构件，提示刀俎之间的关系。小篆作"俎"，《说文解字》说解为："俎，礼俎也，从半肉在且上。"可见，俎是古代切肉的几案，也是祭祀或宴会时盛放牲体的礼器，放置生肉或者熟肉，木制漆饰，有四足，其形制近于"几"。在《韩非子·难言》中有记载"身执鼎俎为庖宰"，就是说一个厨师一天到晚都要与俎器打交道。《左传·隐公五年》："鸟兽之肉不登于俎。"鸟兽之肉不能放置于俎上用于祭祀祖先。

盘 碗 箸

"盘"字金文作"▨"，从皿般声；籀文作"▨"，从金般声；小篆作"▨"，从木般声。"盘"的这些古文字形说明盘是一种盛物器皿，有用金属制的，有用木制的。盘这种器皿的最大特点是非常浅，一般为圆形。

"碗"，盛食物的器具，出现时间早，并沿用至今，是古代较为普遍的一种进食器具。碗的称谓经历过多次变化，"皿"和"盂"都曾作为碗的指代词，"皿"的含义比较广泛，它是一类物件的统称，后期主要作为一种后缀词出现，如"器皿"；"盂"对它所代表器物的具体用途的指代比较强烈，在秦以前的使用范围广，既可作盛饭的器皿，也可作盛其他液体的器皿。秦以后就和碗大致相同了。碗的基本形状变化不大，在最初的圆底基础上不断演变，但总体特点是底小口敞，结构比较简单。随着时代变迁，碗的材质变化较大，最初的陶碗做工虽不算精致但也十分讲究。到后代的瓷碗，做工严谨而规范，在尺度的把握、比例的协调以及装饰的精美程度上都非陶碗所能比。

"箸"（zhù）小篆作"箸"，从竹者声，就是古代的筷子，后来俗写为"筯"，改从"助"音，后来演变为"筷"，明代陆容在《菽园杂记》中说："民间俗讳，各处有之，而吴中为甚。如舟行讳住、讳翻，以箸为快儿，幡布为抹布。"也就是说，南方的船家在船上忌讳"箸"音，因为"箸"与"住"同音，不祥，所以取其反意叫"快"，希望行舟如飞，一路顺风，反映了人们的美好愿望，忌讳语成了吉祥语。又因为当时大多数"筷子"是用竹子做成，加上竹子头，便成了"筷"，谐音为"快"。

据文献记载，筷子的历史至少有三千多年。民间传说筷子是四千年前大禹发明的。当年大禹在治理水患的过程中，三过家门而不入，多在野外进餐，有时时间紧迫，兽肉刚煮熟就急欲进食，但汤水滚烫无法下手，就用树枝戳夹，久而久之，渐渐就出现了筷子。筷子最初是竹、木兼有，后来又出现了陶瓷、铜、铁、金、银、象牙制作的筷子。出土文物中，竹木筷较少，原因是细小的竹木筷较骨、玉和金属筷更易腐烂。现存最早的筷子，出土于距今两千多年前的春秋战国时期的楚墓。该墓出土的一双朱漆竹筷，现在收藏于湖北宜昌博物馆内。

爵壶杯

远古先民最初所用的饮酒之器是用牛角制成的，这可从最初的饮器用字以角为部首得到说明。如"觥"小篆作"<ruby>觥</ruby>"，《说文解字》说解为"兕牛角可以饮者也。从角黄声。其状觵觵，故谓之觵。<ruby>觥</ruby>，俗觵从光。"可见，觥是用犀牛角做成的饮器。同样，"觯"字正篆作"<ruby>觯</ruby>"，《说文解字》说解为："乡饮酒角也。《礼》曰：'一人洗，举觯。'觯受四升。从角单声。<ruby>觯</ruby>，觯或从辰。<ruby>觯</ruby>，礼经觯。"显然，"觯"有多个异构形式，但异构字也都以角为部首。

由于最初的饮器用牛角制成，"角"成为一些饮器用字的部首，后来非牛角饮器也往往以角为部首，如"觞"字籀文作"<ruby>觞</ruby>"，小篆作"<ruby>觞</ruby>"，《说文解字》说解为："觯实曰觞，虚曰觯。<ruby>觞</ruby>，籀文觞从爵省。""觚"小篆作"<ruby>觚</ruby>"，《说文解字》说解为："乡饮酒之爵也。一曰觞受三升者谓之觚。"根据出土文物，觚用青铜制成，喇叭形，细腰，高圈足，腹部和圈足上有棱。

觚

"爵"字甲骨文作"<ruby>爵</ruby>"或"<ruby>爵</ruby>"或"<ruby>爵</ruby>"或"<ruby>爵</ruby>"，金文作"<ruby>爵</ruby>"，像古代酒器爵之形，甲骨文字形上边的箭头像爵上的柱，左边的开口像流，右边的小圈表示耳。小篆作"<ruby>爵</ruby>"，《说文解字》说解为："礼器也。象爵（雀）之形，中有鬯酒，又持之也，所以饮。器象爵者，取其鸣节节足足也。"可见，爵是古代一种盛酒

爵

礼器，圆腹，前有倾酒的槽型的"流"，后有尾，旁有把手，口上有两柱，下有三个尖高的足，很像一只昂首翘尾的雀。爵也用为饮酒器，作用相当于现代的酒杯，流行于夏商时期，爵身、爵足一般都雕刻着精美的花纹图

案。有人说爵取象雀形，是因为雀能飞，不沉溺于饮酒，用以警戒人们饮酒要有节制，不能过量。

爵在周代体现礼制，《礼记·礼器》："宗庙之祭，贵者献以爵，贱者献以散，尊者举觯，卑者举角。"郑玄注："凡觞，一升曰爵，二升曰觚，三升曰觯，四升曰角，五升曰散。"礼器以小为贵，爵体现了尊贵的意思，所以也用在奴隶主的随葬物或者宗庙的祭祀活动中。西周以后，爵逐渐消失。

"壶"甲骨文作"𩱈"或"𩱈""𩱈"，像古时用以盛酒或水的长颈、大腹、圆足的壶之形，上为其盖，形状类似葫芦而附有圈足，颈旁并有两耳。早期的壶，大多为陶制或者铜铁制，体形较大。后来壶的体型逐渐变得精巧，壶腹也形式多样。唐宋时期，壶的样式较多，比如瓜棱壶、兽流壶、葫芦式壶等等。宋代时用酒壶温酒，将其放入专门用来烫酒的注碗里，加热水烫酒，壶与注碗形体保持一致，讲究极多。

"杯"字籀文作"𠥓"，从匚不声；小篆作"𣏾"，从木否声；楷书还有"盃"字，从皿不声。这些字的部首反映了杯是一种器皿，最初用木制成。清代朱骏声《说文通训定声》："杯，古盛羹若注酒之器，通名为杯也。"由此可见，杯是古代盛羹及注酒之器，也作茶具。杯的体制多种多样，有方有圆，有鸟兽形，有花果形，千姿百态。材质上既有最早的陶杯、铜杯，之后的瓷杯，也有讲究的贝壳杯、象牙杯、玛瑙杯等，还有富贵的金杯、银杯。还有一种名为"软金杯"的，是后唐庄宗以金黄色的橙子掏去内瓤作为酒杯。王羲之《兰亭集序》描写了"曲水流觞"的画面，按修禊之习俗"流觞"饮酒，其中所用饮器便是杯的一种，是木胎的髹漆酒杯，椭圆形，浅杯身，两侧有耳形把柄，称为"羽觞"或"耳杯"。盛了酒浆的耳杯随曲折的溪水而下，停在谁面前，谁就一饮而尽。耳杯的出现更加丰富了杯的用途以及娱乐性，使饮酒文化也更加丰富。

三　古代建筑

1. 山居野处

远古时代，先民们主要在大自然的山野中居住，从和居住有关的字上，处处可以看到关于洪水的记忆。

"昔"的甲骨文字形作"𣱱"，下边的构件为"日"，上边的构件像波涛汹涌的洪水之形，整个字表示发洪水的日子。可见，可怕的洪水给人类留下了十分深刻的印象，以至于后来为"往昔"之"昔"造字时采用洪水意象来表示。"州"字甲骨文作"州"或"州"，像在宽阔的川流中有一块土地之形，表示水中可供居住的高地，也就是小岛。据史料记载，尧时华夏大地曾经历过洪水时期，当时"汤汤洪水滔天，浩浩怀山襄陵"，华夏大地淹没在洪水之中，只有高大的山峰能露出水面。因此，我们的先民只能选择地势高的山陵居住。

先民为了躲避洪灾，往往居住在高而上平的山陵州岛之上，这在文献中有很多记载：《淮南子·本经训》说尧之时"四海溟涬，民皆上丘陵，赴树木"，意思是说，先民为躲避洪水，到地势高的山陵上居住；《墨子·辞过》："（古之民）未知为宫室时，就陵阜而居"，是说先民不会建造房屋时，只能以天然的山体为居所，《说文解字》对小篆"厂"的说解也能证明这一点："山石之崖岩，人可居。"不难理解，山陵中的天然洞穴是先民居所的最佳选择。

先民为躲避洪水，除了居住在地势高的山陵州岛之上，还常常在树上搭建像鸟巢一样的居所。"巢"字西周金文字形作"🐦"，小篆字形作"巢"，像树上有鸟窝之形，本义就是鸟窝。巢居就是像鸟一样居住在树上，以躲避洪水。《孟子·滕文公下》："当尧之时，水逆行，泛滥于中国，蛇龙居之。民无所定，下者为巢，上者为营窟。"意思是说，尧遭遇洪水时，人们居无定所。地势低的地方，人们在树上搭建像鸟巢一样的居所；地势高的地方，人们利用洞穴为居所。《风俗通义·山泽》"丘"下"尧遭洪水，万民皆山栖巢居，以避其害"，也说明远古先民为躲避洪水，只能到地势高的山陵或树上居住。可见，巢居也是远古先民居住的一种方式。

远古还有一种居住方式叫"橧"（zēng），《礼记·礼运》："夏则居橧巢。"把"橧"与"巢"并言，说明橧也是一种居住方式。根据古注，"橧"的意思是"聚薪柴居其上"，意思是把柴薪聚集在一起铺好，人在上面休息。

2. 半穴居

人类逐渐由山地进入平原，开始仍沿穴居之俗而构建房屋。根据考古发现，我国原始社会中期的房屋建筑主要有两类：一类是半穴居式建筑，一类是地面住房建筑。西安半坡遗址，就是很典型的半穴居式建筑，在殷墟发掘中曾发现许多竖穴，深深浅浅，方方圆圆，形状各异，学者们认为此与远古的穴居习俗有关。古代先民穴居特点在古文字形体中也有所表现。甲骨文"各"字作""，像一只脚向下降到坎穴之形，本义就是"来，到"，西周铭文"王各于成周大庙"中"各"就是这个意思。甲骨文"出"字作""，像一只脚向上走出坎穴之形，意思是"从里面到外面"。甲骨文"复"字作""，上边的构件像有两条道路可供出入的半穴居之形，下边的构件像一只脚，整字像从门道外出之形。这些字形都表现了古代先民穴居的特点。据考古学及人类学家研究，人类的历史有几百万年之久，在此期间，人类几乎都是在穴居中度过的，真正脱离穴居只有几千年。

3.地上建屋

随着时间的流逝，人类由半穴居发展到开始地面建房，这种变化可以从"宀""宋""宫""门""向""窗"等字体现出来。

"宀"是由"宀"字演变而来的表房屋的部首，正像远古先民地上房屋建筑的外部轮廓。依据半坡村仰韶遗址复原来看，当时是在圆形基址上建墙，墙上覆圆锥形房顶，它的整体轮廓正作"宀"形。同样，"宋"字的甲骨文形体作"宋"，正像以木为梁柱而成地上居宅之形。

"宫"的甲骨文字形作"宫"，外边的"宀"像房屋的外部轮廓，中间

的两个"口"，表示前后不同的房屋，表现的正是
这种"前堂后室"的布局。《说文解字》把"宫"
说解为"室也"，说明它的本义就是房屋，而不是
专指宫殿。《诗经·豳风·七月》："上入执宫功。"
意思是说，还要（为贵族）做修房的活，这里的

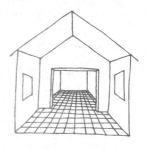

"宫"就是普通房子；《战国策·苏秦以连横说秦》写苏秦得志归来，"父母
闻之，清宫除道，张乐设饮，郊迎三十里"。其中"清宫"就是打扫房子；
《西门豹治邺》"为治斋宫河上"，这里只是在河边临时搭了个小屋子罢了，
也绝不是什么宫殿。到了秦汉以后，"宫"逐渐为帝王专用，如"皇宫"。
后来"宫"又引申为"群众娱乐活动的场所"，如"文化宫"。

门 塾 庭 堂 室

　　"前堂后室"的建筑结构延续于后世，它
由大门、塾、庭、堂、室等部分构成。"门"
的甲骨文字形作"𨳌"，像双扇门之形；"户"
的甲骨文字形作"𠃌"，像单扇门之形。"塾"
是古代位于门内外两侧的房屋，后来指民间教

书的地方。"庭"从广廷声，本义是堂阶前的院子。"堂"在中国传统的家
庭居舍中，占据着特殊地位。从空间位置上看，堂在一个居住单元中占据
中心的位置，它位于主要建筑物的中央，两侧有"厢"，后部有"室""房"，
而且通常是坐落在高出地面的台基上，古人称尧舜之居，"堂高三尺"。与
这种空间位置相适应，堂一般并不作为寝居之用，而是家庭重要活动的场
所，如举行典礼、接见宾客、议决家事等。堂的这种特殊地位，也在"堂"

的字形中有所反映。"堂"是形声字，以"土"为部首，土为古代基本建筑材料，可泛表各种建筑物；"尚"作为声符，还兼有表意作用。"尚"就是"上"，有"高出""超过"的意思，这与堂的高居于其他屋室之上的地位相符。同时，从建筑的角度看，堂是家庭的象征，因此，"堂"又可以引申表示一种同祖的亲属关系，意思是"同处一堂"。如同祖兄弟姐妹称"堂兄弟""堂姐妹"，同祖叔伯称"堂叔伯"等。这种称谓正与古代中国传统的父系亲族聚居的习俗相联系。"室"，《说文解字》说解为"实也"，段玉裁注："古者前堂后室。"《释名》："室，实也，人物实满其中也。"从这些说解可以看出，古人房屋内部，前叫"堂"，堂后以墙隔开，后部中央叫"室"，室的东西两侧叫"房"。

"向"的甲骨文作"向"，其中"∧"像房屋侧视之形，"口"表示墙上开的一个窗。《诗经·豳风·七月》："穹窒熏鼠，塞向墐户。"毛传："向，北出牖也。"则"向"的本义是朝北开的窗户。从《诗经》所反映的上古先民的生活来

看，辛勤劳动的农民到了冬天才从田野回到家里，先是堵塞墙洞，把老鼠从家里赶走，另外还要把朝北的窗户堵塞起来，再在用树枝编扎的门上涂上泥巴，以此抵御寒风的袭击。

"窗"字古文字形作"窗"，小篆字形作"囱"或"窗"，《说文解字》："在墙曰牖，在屋曰囱。象形。……窗，或从穴，窗，古文。"显然，"窗"的小篆字形和

古文字形取象于屋顶天窗之形。古人穴居时，要使室内透气只能在穴顶开窗，这就是"窗"的最初义，即天窗。后来人们在平地建起房屋，同样在屋顶开窗，这就是真正意义上的天窗了。

4. 高台亭楼

　　"高"和"京"的甲骨文字形反映了建筑在高台之上的亭楼之形。甲骨文"高"字作"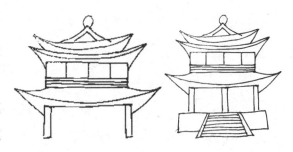"或"⿱"，像在高台上建筑的亭楼形，"京"字甲骨文作"⿱"，与"高"的不同之处是，"高"字下面是左右两柱支立，"京"字于两柱之间多加一柱，表明"京"是高大建筑物，后来就用高大建筑物的形象表示国都。甲骨文用亭楼形表示形容词"高"和名词"京"，说明亭楼类建筑在商代已出现。

5. 防御性建筑

　　"囗"读作"wéi"，像四周环绕之形，表示一定区域，在古文字中常用来表示人们生活的疆域领土，因此要保护。"卫"的金文字形"⿱"，"围"的甲骨文字形"⿱"和金文字形"⿱"，中间的构件"囗"表示某一区域，四旁的足迹环绕着这个地方，表示守卫或包围之意。同样，"国"和"域"

的甲骨文字形都作"可"，由"戈"和"口"两个构件组成，"口"也表示一定的区域，"戈"是武器，整个字形表示用武器守卫的疆域。后来，"国"字在外边增加了一个"囗"构件作"國"，强调所守卫的边界，又简化为"国"；"域"也增加了表义构件"土"，强调所守卫的疆土。

城郭堞池

　　先民保卫自己疆域的常见方法是建筑具有防御功能的城墙，并在城墙上建筑观察敌情的瞭望楼。"墉"的金文字形作"𩫏"，中间的构件"口"表示城墙，上下两个构件表示城墙上用于瞭望的城楼，整个字像城墙上有

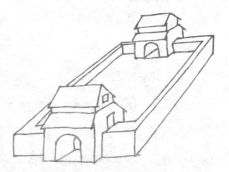

守望楼之形，本义就是城墙。《说文解字》古文字形作"𩫖"，中间的构件包括内外两层，表示内城和外城，即"城"和"郭"。

　　"城"的金文字形"𩫚"和籀文字形"𩫡"，分别以"𩫏"和"𩫖"为表义构件，后重造以"土"为表义构件的"城"字，本义是都邑四周用作防御的城垣。

　　"郭"的小篆字形"𩫨"，也以"𩫖"为表义构件，本义就是外城，即在城的外围加的一道城墙。《木兰诗》中"出郭相扶将"是说木兰的父母相互搀扶着到外城（郭）之外去迎接木兰。此外，"堵"的籀文字形"𩫤"、"垣"的籀文字形"𩫣"，都以"𩫖"为表义构件，也说明"𩫏"的造字取象是带有守望楼的城墙。不难理解，古代修筑城墙的目的在于防卫自守，这在古文献及注释中不乏例证。《墨子·七患》："城者，所以自守也"；《诗

经·大雅·瞻卬》："哲夫成城，哲妇倾城"，郑玄笺："城犹国也。"孔颖达疏："国之所在，必筑城居之。"可见，我国自古以来，各诸侯国的边境都筑有城墙，境内的大小城邑也都有城墙，城墙上有城楼，城楼不仅可以用于瞭望，又可以用来存放兵器军需，还可以用于将士的遮风避雨或暂避敌人的矢石。秦统一中国以后，把各诸侯国的城墙连接起来，号称万里长城。

城墙上除了修筑守望楼，还要修筑女墙。"堞"字的意义就是城上这种呈锯齿状的矮墙，小篆作"堞"，《说文解字》说解为："城上女垣也。从土叶声。"段玉裁注："古之城以土，不若今之以专（砖）也。土之上间加以专（砖）墙，为之射孔，以伺非常……今字作堞。"与女墙有关的还有一个"陴"字，甲骨文作"陴"，籀文作"陴"，左边的构件像有守望楼的城墙，右边的构件像手持甲，甲和盾都是古代的防御性武器。由此可知，远古时代筑城防守，敌人进攻时，守城将士在城上是手持盾牌进行抵御的。后来在城上按一定间隔构筑这种女墙，不仅可以保护自己，又可以腾出手来更好地使用武器。"陴"小篆作"陴"，《说文解字》说解为："城上女墙俾倪也"，其中"俾倪"是城上女墙的另一种说法。

筑城需要大量的土石，取土而形成的土坑同样给来犯之敌增加很大的困难，将这些土坑加宽加深加陡，并环城连通且灌注大量的水，这就是护城河。表示护城河的文字很多，但部首主要包括从土（或阜）从水两类，如"池""堑""壕""濠""湟""隍"。所谓"高城深池""金城汤池"都是说防御设施（城墙和护城河）坚固无比。

攻城、野战是古代战争两种最主要的方式，以上所说的城池主要与其

中的"攻城"形式相对应，是围绕一定区域建造的永久性、封闭性、防御性的建筑。与另一种形式"野战"相对应的防御工事，主要是壁垒。壁垒是交战前临时在野外修筑的防御工事，其高度、厚度、完美程度都不及城墙，建造方式也不同。壁垒的建造方式可以从"垒"的小篆字形"𡈼"得到大致体现，上边的构件像石头或土块摞在一起，说明它的建造方式是累叠而不是版筑。壁垒虽是临时性的建筑，但在野外开阔平坦的战场上，却能有效地阻止战车的强大攻势。当年诸葛亮率军北伐，蜀军多次挑战，司马懿"坚垒不应"，结果到诸葛亮死，蜀军也未能再进一步。壁垒一般情况下是非封闭性的，往往依据有利地势抵挡一面，后来也有封闭性的壁垒。与封闭性壁垒相似，古代战争中军队驻扎宿营时往往用战车环绕作为屏障，"军"的古字形"𤼄"能反映这种特点：中间的构件为"车"，外边的构件表示环绕之形，整字构意是战车环绕排列作为军队临时驻扎的营垒。"军"的字形构意说明这种用战车排列成营垒的方式在古代十分普遍。

四　古代交通

1. 水上交通

先民为躲避洪水居住在露出水面的山阜上，要彼此连通，只能依靠水路，因此离不开各种水上交通工具。

"桴"最初作"泭"，小篆作"𣸪"，《说文解字》解释为"编木以渡也。从水付声"，意思是把若干根毛竹或原木平摆着编扎在一起，用作水上交通工具。后来写作"桴",孔子曾说:"道不行,乘桴浮于海。"意思是说,如果自己的主张得不到推行,就坐木排到大海中自由漂流去。

《说文解字》把"俞"字说解为"空中木为舟也",即"刳木为舟"(意思是剖凿木头使空心,用以做舟)。从我国考古发掘来看,新石器遗址中,出土的多是独木舟。例如:1975年,在福建省连江县发掘出一只樟木制成的独木舟,长7.1米,据专家考证,该独木舟距今已有六千年。

"舟"的甲骨文字形有"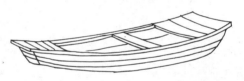"等,西周金文字形有""

"" 等。从"舟"的古文字形

体可以看出,当时木船的形制:方头方尾,首尾上翘,并且加有横梁。很明显,这不是独木舟的形状,更酷似后代的舢板。所以,至迟在商代,木板船已经具备了成熟的形式。小篆"舟"字作"",《说文解字》说解为:"船也。古者共鼓、货狄刳木为舟,剡木为楫,以济不通。"由此可以得知,传说中"舟"的发明者是共鼓和货狄,最初的舟是把树木的中间挖空制成的,船桨是用砍削的树木制成的。

对于倚水而居的先民来说,舟在他们生活中十分重要,因此,"舟"成为他们创造新字的重要构字部件,《说文解字》中以"舟"为部首的字有十六个,以"舟"为非部首构字部件的字也有十几个。如"前"字甲骨文作"比"，上边的构件像一只脚，下边的构件像一只小舟，整字表示乘舟前进；《说文解字》把小篆"前"字解释为："不行而进谓之前，从止在舟上。"意思是人在船上，不用步行，却能凭借舟船在水中前进。本义为"就也"的"造"字，《说文解字》古文形式作"牉"，以"舟"为部首，说明"造"（即"靠近"）的方式可以是行走，也可以是乘舟。"履"的小篆字形作"履"，《说文解字》说解为："足所依也，从尸从彳从夂，舟像履形……䟔，古文履从页从足。"《说文解字》把"鞋"看作"履"的本义，用鞋的形状与舟形相似的特点解释"履"从舟的原因。其实"履"最初的意义是"践行"，字形中的"舟""足"都与"践行"义相关，是表义构件。因此，"履"的古文字形也说明"舟"是造字时期"行"的重要凭借。

権 桥 梁

先民在水中行进依靠的工具是船，在水比较浅的地方，露出水面的石头，往往成为人们渡水的凭借。这种情况在古文字形体中也有反映。甲骨文中有"严"字，中间是水，两边是石头，整字像溪流中的一个个跳墩子，这些跳墩子就是人们渡水的凭借，使两岸变成"通途"。这种跳墩子也叫"石矼"。先民通过溪流的凭借还有桥梁。"権"字本义就是独本桥，《说文解字》把它说解为"水上横木，所以渡者也"，意思是说，権是横跨水流两岸的独木桥。它的特点是，两头堆聚石头，上面架起一根横木，可供行走。当溪流较宽，独木不能连接两岸时，就在溪流中间投入巨大的石墩，然后，每两墩之间架以横木，从而连接两岸。《说文解字》中"梁"的古文形体"㮰"，形象地反映了这种桥梁的特点：左边的构件像水形，右边的部分由上下两个"木"构件及中间的"一"组成，表示木与木相接，中间的"一"，表示交接之处。此外，"桥"字，《说文解字》说解为"水梁也。从木乔声"，"水梁"就是水上桥梁的意思，以"乔"为声符的字大都有"高而曲"的意义，因此，命名为"桥"，突出了它高出水面而又略呈弧形的特点。

2.陆路交通

"道""途"都以"辶"为部首。"辶"的甲骨文字形作"𦙫"或"𣥂"，像一只脚在道路上行走，到小篆演变为"𧾷"，楷书作"辵"，简化为"辶"。因此以"辶"为部首的字大都与道路或行走有关。可以想象，人类社会之初，大地上榛莽丛生，而生产力又十分低下，人类不可能去修筑道路。因此，《释名》说："道，蹈也；路，露也。言人所践蹈而露见也"，说明最初的路是众人踩踏出来的。而把"途"（写作"涂"）说解为"度也。人所由通度也"，说明"途"是从功能角度进行的命名。

人工修筑道路起源很早，据说大禹曾"开九州，通九道"（《史记·夏本纪》）。商周时期，各诸侯国之间，以及各个诸侯国与商王朝之间的关系得到了前所未有的加强，其间的道路交通也就显得尤为重要。春秋时期，单襄公奉周定王命令到宋国聘问，又从宋国经过陈国往楚国聘问，古代文献记载其情况是："遂假道于陈，以聘于楚。火朝觌矣，道弗可行也，候不在疆，司空不视涂，泽不陂，川不梁，野有庾积，场功未毕，道无列树，垦田若艺。"（《国语·周语》）意思是：单襄公又借道陈国去访问楚国。已是清晨能见到大火星的季节了，道路上杂草丛生无法通行，负责接待宾客的官员不在边境迎候，司空不巡视道路，湖泽不筑堤坝，河流不架桥梁，野外堆放着谷物，谷场还没有修整，路旁没有种植树木，田里的庄稼稀稀拉拉。单襄公见到这些情况后，归报周定王说：“陈侯不有大咎，国必亡。”（《国语·周语》）他判定陈将亡国的重要征兆之一，便是十月间道路上还长满了草，道路两旁也没有护路的树木。可见，交通与国运之间有密切联系。

行 術 街 衢 歧 馗

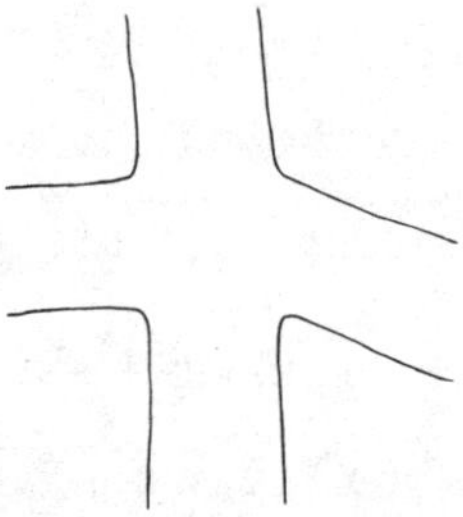

“行”的甲骨文字形作“”，西周金文字形作“”，像四通八达的道路，本义就是道路。以“行”为部首的字本义都是城邑中道路的专名，具有“行”字形体所体现的四通八达的特点，如“術”（简化为“术”）本义是城邑中的道路，引申为技艺、方法；“街”本义是“两边有建筑物的大路”；“衢”本义是“纵横交错的四通八达的街道”。

“歧”字从“止”，“止”甲骨文作“”，像脚形，以“止”为部首的字或与行走有关，或与道路有关。“歧”字声符为“支”，以“支”为声符的字，意义具有“分叉”的特点，如“枝”“肢”都是从主干上分出来的“叉”，因此“歧”字也是从大路上分出来的岔道。

“馗”（kuí）字从九首，《说文解字》说解为：“九达道也。似龟背，故谓之馗。”当然，“九”并不是确数，是说道路纵横交错的样子与龟背上的纹路相似。“馗”也可写作“逵”。

蹊 径 阡 陌

　　山间田野的道路，主要是踩出来的，因此记录相关语词的字或者以"足"为部首，或者以"彳""辶""止"为部首。如"蹊"（或作"徯"）是贪走近路的人不按正道走而走出的邪道，所以只通行人而不能通车。"桃李不言，下自成蹊"的"蹊"意思就是摘桃李的人踩出的小道。同样，"径"（或作"逕"）以"彳"为部首，"彳"是取象四通八达道路的"行"的省略，因此以"彳"为部首的字往往也与道路或行走相关；"径"的声符"巠"金文字形作""，像织布机上的经线，因此以"巠"为声符的字意义都有细、直、长的特点，"径"即专指贪走近路的人不按正道走而走出的小道，这些小道相对于绕远的大路当然具有细、直的特点。

　　"畛"字从田，《说文解字》说解为"井田间陌也"，意思是田间小路。《诗经·周颂·载芟》"千耦其耘，徂隰徂畛"描写了西周的农业生产劳动场面，其中"畛"的意思是"田间道路"。"阡陌"也是田间小路，田间小路往往在土埂之上，比生长庄稼的田地要高出一些，因此以"阝"为部首。具体说来，南北方向的田间小路叫做"阡"，东西方向的田间小路叫做"陌"。

3.行的方式

　　如前所述，"行"的甲骨文和西周金文字形像四通八达的道路，本义就是道路。由"道路"义引申为"在道路上行走"。因此，有些表示行走的字以"彳"为部首。

"征"字甲骨文作""，左边的构件"彳"表示道路；右边的构件"正"由取象脚形的"止"和表示目的地的"口"构件组成，整字表示是向某个目标进发。本义就是"远行"，如"长征"。"往"的本义是"去，到"（某处），如"往来""往返"。"徐"的本义是"慢慢走"，如"徐行"。"徒"的本义是"步行"。"徘徊"的本义是"在一个地方走来走去"，引申为犹豫不决或事物在某个范围内来回浮动、起伏，如"独自徘徊"。

步 涉

　　步的甲骨文字形作"　"，西周金文字形作"　"，像徒步行走时左右两脚一前一后的样子，本义就是"行走，步行"，如"散步""步行街"。

　　在水中行走叫做"涉"。"涉"的甲骨文字形作"　"，金文字形作"　"，像两足迹在水旁，有徒步过水之意。本义就是"徒步过水"，如"跋山涉水"。

走 跑

　　"走"的甲骨文字形作"　"，上边的构件像一个人跑动时双臂前后摆动的样子，下边的构件像一只脚，表示该字意义与脚有关，本义就是"跑"。"走马观花"中"走"就是"跑"的意思。以"走"为部首的字也都与"跑"意义相关，如"趋"是小步快跑，

"超"的本义是"跃上","越"的本义是"度过，跨过","赶"的本义是
"追","赴"的本义是"前往"。

"奔"字西周金文作""，上边的构件与"走"的构件相同，下边是
三只脚，突出跑得快的特点，本义就是"快跑，疾驰"，如"奔驰""狂奔"。

4. 交通工具

车　辂　辇　轏　轩　軿　辎

"车"的西周金文字形作""
或""，像古代车舆之形，包括两
个车轮、一个车轴和一个车厢。根据形
制和用途的不同，车可以分为很多种
类。"辂"（lù）指天子及皇后乘坐的豪
华富丽的大马车。"辇"（niǎn）字金文

作""，像二人拉车之形，本义就是人力车，后来专指皇帝或皇室所坐
的车。"轏"（hàn）又叫栈车，与"栈"字同源，是士乘坐的车，它的特点
是用竹木条编制而成，带卷棚的栈车又被用来作为寝车。"轩"是供大夫以
上贵族乘坐的车。《说文解字》将"轩"说解为"曲辀（zhōu）藩车"，意
思是这种车的特点是辀的形状穹曲向上，三面有遮蔽。"軿"（píng）和"辎"
都是有帷幕的车。前有遮蔽的叫做"軿"，前后都有遮蔽的叫做"辎"。辎
车车辕比较长，一直伸到车厢后边，可供乘者上下车时登踏。战国时期的

孙膑就曾利用"辎车"具有遮蔽性的特点，有效地隐瞒自己指挥齐军的实情，从而实现"围魏救赵"的作战计划。

公元前354年，魏国军队围赵国都城邯郸，双方战守一年多，赵衰魏疲。这时，齐国应赵国的求救，派田忌为将，孙膑为军师，率兵八万救赵。从哪里进攻呢？起初，田忌准备直趋邯郸。孙膑认为，要解开纷乱的丝线，不能用手强拉硬扯，要排解别人打架，不能直接参与去打。派兵解围，要避实就虚，击中要害。他向田忌建议说，现在魏国精锐部队都集中在赵国，内部空虚，我们如带兵向魏国的都城大梁猛插进去，占据它的交通要道，袭击它空虚的地方，向魏国的国都大梁（今河南开封）进军，他必然放下赵国回师自救，齐军可乘其疲惫，预先在其必经之路马陵设下埋伏，如此必然大败魏军。田忌采纳了孙膑的建议，并听从孙膑的安排，让孙膑坐在四周封闭的辎车中指挥战斗。结果魏军大败，赵国之围遂解。孙膑用围攻魏国的办法来解救赵国的危困，这在中国历史上是一个很有名的战例，被后来的军事家们列为三十六计中的重要一计。孙膑之所以坐在辎车中指挥战斗，就是利用辎车四周封闭的特点，把自己隐藏起来，这样，对手庞涓就无从知道相关信息。

"辒"（wēn）和"辌"（liáng）都是卧车。辒车密闭，比较温暖，与"温"有同源关系；辌车旁边开有窗户，比较凉快，与"凉"有同源关系。后来因这两种车专门用来载丧，合为一种车，称为辒辌车。公元前210年，秦始皇外出巡游，因病重死在半路上，尸体就是用辒辌车拉回京城咸阳的。丞相李斯担心皇帝在外地去世的消息一旦传出去，皇子们和各地的势力会乘机制造变故，因此就暂时没有发布丧事消息，除了他和胡亥、赵高之外，并无他人知晓。当时是夏季，秦始皇的尸体很快腐败变臭。为了掩人耳目，赵高以皇帝要吃鱼为名，命令随从官员往车里装了一石有腥臭气的鲍鱼，来遮掩尸体发出的腐臭气味，而且每天还装模作样地到车外请安问候一次，好避人耳目。到咸阳后，胡亥继位成了秦二世。

"轞"（jiàn）是囚车，与"槛"有同源关系，本来写作"槛"，又称"槛车"。"槛"指关牲畜野兽的栅栏，又特指囚车。后来造"轞"字作为槛车的专用字。

"轈"（cháo）又称"轈车"，与"巢"有同源关系，《说文解字》说解为"兵高车加巢以望敌也"，意思是用来窥望敌情的侦察车。

"𬨎"（chōng），指古代一种冲城陷阵的战车。

"軘"是用来屯守的一种兵车，与"屯"有同源关系。

"轿"字从车乔声，本来写作"桥"，"轿"与"桥"有同源关系。《正字通》："轿与桥通，盖今之肩舆，谓其中如桥也。"清俞正燮说："轿者，桥也。状如桥中空离地也。"今人张舜徽说："轿之为言桥也，谓高负在人之肩，如桥之高出水也。故俗称肩舆。"意思是说，"轿"与"桥"有共同的特点：悬空离地。"轿"称"肩舆"，是因为它的特点跟舆（即车厢）非常相近，但是没有车轮，因此要由多人用肩扛着行走。

第七章
从汉字看中国古代兵器刑法

有人类就有战争。聪明的人类最初利用天然的木棒和石块作为辅助争战的工具。随着社会的发展，人类逐渐发明了各种各样的兵器。本章以古文字和兵器种类为线索，对原始时代兵器、短兵器、长兵器、抛射兵器和防御性兵器一一进行了介绍。刑法是维护国家统治秩序的重要手段，因此国家产生，就伴随着刑法的产生。本章从"法"和"刑"的古文字形体入手，深入分析了其文化内涵，并通过分析古文字形体对中国古代刑具和各种刑法手段进行了概括勾勒。

一　古代兵器

1. 原始时代兵器

　　爱因斯坦说过："我不清楚第三次世界大战将用什么武器相互厮杀，但是第四次世界大战将会使用棍棒和石块。"意思是说武器将给人类带来毁灭性的灾难，因此，人类将从原始社会重新开始，战争所使用的武器也将从棍棒和石块开始。

　　棍棒作为武器，在古文字形体中有生动的反映。"干"字甲骨文作"ϒ"，金文作"ϔ"，像有丫杈的木棒，并分别在其主干部分用短横线和圆点指出木棒的主体部分。"干"的本义就是"树木的主体或重要部分",即木棒。木棒是古人狩猎和战争的重要武器,这一点可以从包含棍棒形构件的古文字形体中得到反映。如"狩"字甲骨文作"𢽥",是有丫杈的木棒与猎犬的组合,说明木棒是重要的狩猎工具;"攴"的甲骨文作"𢼊",像手拿棍棒之形;而"攻""救""政""更"等字的古文字形体包含"攴"构件,这些字中的"攴"构件都像手拿棍棒之形,只是有的棍棒带丫杈,有的不带丫杈。这说明棍棒是重要的进攻性武器。而"捍"的异体字"𢻹"的金文作"𣪉",左边的"干"构件金文作"𢆶",说明木棒也是重要的防御性武器。因此,"干"不仅可以用来表示树木的主干,也可以用来表示一种武器的名称。如"干戈""干戚"等词语中的"干"就是指盾牌类防御性武器。

2. 短兵器

我国古代的兵器有长短之分。短兵器主要包括斧、刀、剑、匕首等。斧是一种短柄砍斫武器,"斧"字从斤父声。义符"斤"甲骨文

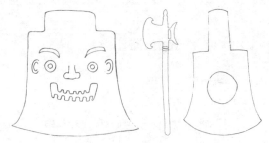

作"𠂢",像曲柄斧之形,左边的尖头是斧刃的侧面图,右边的曲线表示曲柄。曲柄斧是古代一种砍斫工具。斧、斤都是古代常用的砍斫工具,《孟子·梁惠王上》"斧斤以时入山林",说明斧斤常用来伐木。后来斧子逐渐演变为军事上的兵器,如月牙斧、凤头斧等。作为武器通称的"兵",甲骨文作"𠵽",像两手持曲柄斧形,说明"斤"(曲柄斧)不仅是砍物工具,

也是重要的兵器。汉字体系中，以"斤"为部首的字大都与斧子有关，除了"斧"字外，如"斨"的本义是"方孔的斧子"，"斩""斫""斳""断""斯"的本义都是与斧子相关的动词。

与斧子类似的兵器还有"钺"（yuè）"戌"（xū）"戚""岁""我"等。

"钺"字最初写作"戉"，金文字形作"钺"或"钺"，像刃部呈弧形的长柄大斧。钺是中国先秦时代武器，为一长柄斧头，重量较斧更大。早在新石器时代良渚文化遗址中，已发现玉制的钺。钺在当时具有神圣的象征作用。"戌"字商代金文作"戌"，与"戉"不同的是刃部呈内弧形。

"戌"字甲骨文作"戌"，金文作"戌"，像一种刃部平直的长柄大斧。

"戚"字金文作"戚"，本义是一种两侧有齿牙的长柄大斧。《山海经·海外西经》中记载了这样一个故事："刑天与帝争神，帝断其首，葬之常羊之山。乃以乳为目，以脐为口，操干戚以舞。"其中"干"是盾牌，"戚"就是这种大斧。这段话的意思是：刑天与黄帝争夺最高统治地位，结果被黄帝砍断了头，被葬在常羊山麓。刑天虽断了头，却仍不泯志。他以乳头为目，以肚脐为口，操盾牌、大斧继续挥舞，与黄帝再决雌雄。

"岁"字甲骨文作"岁"，金文作"岁"或"岁"，像刃部两端的尖角向上卷曲环抱的斧钺之形，字形中间的两个点，表示环抱所形成的两个孔。

"我"字甲骨文作"我"，西周金文作"我"，像一种刃部有齿的斧钺形武器。这种武器盛行于商至战国时期，是一种短兵器，装上长柄后才能用于战场上砍杀。

斧钺类武器因形制沉重，灵活不足，最终退为仪仗用途，也作为权力的象征。春秋战国时期，君王授予将帅征伐权力时，往往用赐予斧钺的形式表示授予军事权力。《淮南子·兵略训》："主亲操钺，持头，授将军其柄，曰：'从此上至天者，将军制之。'复操斧，持头，授将军其柄，曰：'从此下至渊者，将军制之。'"这段话非常具体地说明了君主授予将军军事权力时的仪式——把象征最高军事权力的斧钺交给将军。

"刀"的甲骨文作"彡"，金文作"刀"，小篆作"刀"，像一把弯刀之形。刀是一种单面长刃的短兵器。无论是作为生产工具，还是作为兵器，刀都是基本成员，所以，以刀为义符构成的字特别多。

原始社会，先民用石头、蚌壳、兽骨打制成各种形状的刀。商代开始出现青铜刀，最初的青铜刀较小，刀形较宽，刃端多向上翘，形如石刀，说明青铜刀由石刀发展而来。青铜刀主要用来砍削器物，宰牛羊，或防身自卫，还未正式用于战争。西周时期，出现了青铜大刀，柄短刀长，有厚实的刀脊和锋利的刀刃，刀柄首端呈扁圆环形，所以又叫"环柄刀"。北京昌平区白浮村西周木椁墓中出土两把青铜刀，一把刀身长41厘米，刀背微弓；另一把长24厘米，类似冰刀形。那时的青铜刀质地较脆，缺少韧性，劈砍时容易折断。秦汉时期，钢铁问世以后，刀的制作工艺得到改善，首先是刀身加长，而且已有专门的战刀和佩刀之分。佩刀讲究式样别致，镶饰美观；战刀则注重质地坚韧，做工精良。在诸国战争中，兵车已渐渐退出战场，取而代之的是骑兵队成为作战主力。因此单纯的刺兵器不足以发挥效力，擅长劈砍挥杀的钢刀的制作质量要求越来越高。据史书记载，三国时刘备令工匠造刀五千把；孙权则命造刀一千把；司马炎也曾一次遣人造刀八千把。这些刀是用来装备军队的，那时刀已成为主要兵器之一。最通用的刀要算"环首刀"，这种刀直背直刃，刀背较厚，刀柄呈扁圆环状，长度一米左右，便于在骑战中抽杀劈砍，是一种实战性较强的短兵器。在战场上的厮杀格斗中，许多将领往往长矛短刀并用，远刺近劈，威力无比。西汉时大将李广之子李敢"左持长槊，右执短刀，跃马陷战"。《三国演义》中南蛮首领孟获的妻子祝融夫人善使飞刀，百发百中。她曾手提丈八长标，背插五口飞刀，重伤张嶷（nì），活捉马忠。

钢刀不仅用于战场上，在官场上同样地位尊贵。汉朝时，自天子至百官无不佩刀。佩刀表示达官贵族的身份等级。东汉时，对天子百官的佩刀形制及装饰都有极严格的明文规定，谁也不准许逾越。这种佩带用刀，从外形上要求精致美观，刀身通体雕错花纹，刀环铸成各种形态的鸟兽图案。例如东汉中山穆王刘畅生前的佩刀，全长105厘米，刀身饰有线条流畅的错金涡纹和流云图案。两汉三国时，诸国君臣莫不看重佩刀，有的几近嗜好，不惜花费重金，延请名师，耗用几年甚至十几年功夫，炼制宝刀。隋唐时采用更为先进的"灌钢法"代替了百炼法，炼出的刀更加坚韧锋利。唐朝的刀有仪刀、障刀、横刀、陌刀四种。仪刀是皇朝禁卫军使用的武器；鄣刀是一般官吏佩带用刀；横刀是专门装备军队的战刀。唐代制刀不仅注意保持汉民族传统的制作技艺，而且随着各国及各民族之间经济文化的广泛交流，还吸收了不少外来的制刀技艺，促使战刀的制作更趋于实用。明朝军队使用最多的是"腰刀"。腰刀的刀体狭长，刀身弯曲，刃部延长，吸收了倭刀的长处，使劈砍杀伤的威力增大。明朝著名将领戚继光非常重视腰刀的制作，在其军事著作《练兵实纪》中对腰刀制作方法有着详细的研究与记载。清朝，刀的种类更为繁杂，有腰刀、滚背双刀、脾刀、双手带刀、背刀、窝刀、鸳鸯刀、船尾刀、割刀、缭风刀等等。

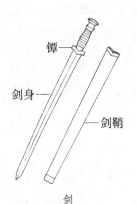

"剑"字籀文作"剑"，从刀佥声，小篆作"剑"，从刃佥声。《说文解字》说解为"人所带兵也"，本义就是一种古代兵器。这种兵器的特点是两面有刃，前端尖，中间有脊，安有短柄，属于"短兵"，素有"百兵之君"的美称。现在作为击剑运动用的剑，剑身为细长的钢条，顶端为一小圆球，无刃。

传说剑创始自轩辕黄帝时代，根据《黄帝本纪》"帝采首山之铜铸剑，以天文古字铭之"；又据《管子·地数》"而葛天卢之山发而出水，金从之，蚩尤受而制之，以为剑铠矛戟"。由此可见，剑的历史极为古远，故后人称之为"短兵之祖"。从商代开始有制剑的史料记载，最初的剑为铜质，呈柳叶形或锐三角形。《周礼·考工记》详细叙述了制剑之法。汉代以后铜剑渐被钢铁剑替代，并趋于定型，即剑身中有脊，两侧有刃，前有剑尖，中有剑首，后有茎，茎端设环处称镡（xín），此外尚有剑鞘、剑穗等附属饰物。东汉以后，剑逐渐退出了战争舞台，为佩带仪仗或习武强身自卫。隋唐时期，佩剑盛行，根据《隋书·礼仪志》记载，隋朝时佩剑有相当严格的礼仪规定；唐代文人墨客把剑看作能够表现其尚武英姿或抒发凌云壮志的饰物。后来，剑与道教结下不解之缘，成了道士们手中的法器之一。

镡—

剑身—

—剑鞘

剑

关于宝剑，有一个流传很广的"干将莫邪剑"的故事。楚国干将、莫邪夫妇二人，给楚王铸剑，三年才铸成。楚王很生气，想杀他。剑有雌雄二柄。当时妻子莫邪怀孕快生产了，丈夫对她说："我给楚王铸剑，三年才成功。楚王发怒了，我去一定被杀掉。你生下的孩子如果是男的，长大后，告诉他：'出房看南山，松树长在石上，剑在它的背面。'"于是干将拿着雌剑去见楚王。楚王非常生气，叫人去仔细查看。验剑人说："剑有两把，一把雌一把雄，雌剑带来了，雄剑没有带来。"楚王发怒了，把干将给杀了。

莫邪生下的儿子叫赤。后来赤长大了，问他母亲："我父亲在哪里？"母亲说："你父亲给楚王铸剑，三年才成功。楚王发怒，把他杀了。他走时嘱咐我告诉你：'出房看南山，松树长在石上，剑在它的背面。'于是儿子出房，往南看没有山，只见堂前松柱下有一磨剑石，就用斧头砸开它的背后，得到雄剑，整天都想找楚王报仇。

楚王梦见一个男子，眉间广阔，约一尺宽，说要报仇。楚王悬千金重赏捉拿。赤听说了这件事，便逃走，跑进山里悲歌。碰到一位侠客，说："你年纪轻轻的，怎么哭得这样伤心？"赤说："我是干将、莫邪的儿子。楚王杀了我的父亲，我想报仇！"侠客说："听说楚王以千金重赏购买你的脑袋，请把你的脑袋和剑都交给我，我为你报仇。"赤说："太好了！"于是自杀，双手捧着脑袋和剑，尸体却僵立不倒。侠客说："我决不会辜负你！"这样，尸体才倒下。

侠客提着赤的脑袋去见楚王。楚王很高兴。侠客说："这是勇士的头，应当用大汤锅煮。"楚王照着他的话做了。三天三夜也煮不烂，头还跳出汤锅，瞪着眼睛充满愤怒。侠客说："这小孩的头煮不烂，请大王亲自到锅边看看，就一定能煮烂。"楚王立刻走近去看，侠客用剑砍了一下楚王，楚王的脑袋就掉进汤里；侠客也砍掉自己的头，头也掉进汤里。三个脑袋都煮烂了，没法分辨。于是把肉汤分成三份埋葬了，笼统称为"三王墓"。如今这墓在河南省汝南县西南。

3. 长兵器

"戈"字商金文作""，甲骨文作""，像古代
兵器戈之形，中间长竖表示戈柄，上部左边是戈头，右
边是戈头上的装饰物，下端表示戈柄的镈，上端的短横
表示枝杈，古人选取戈柄时有意保留一段枝杈，以防止
戈头脱落。戈作为啄勾兵器，是古代战争中一种主要的
进攻性兵器。这不仅可以从用"戈"组成的"干戈""倒戈"等双音词得到
体现，也可以从用"戈"为构件组成的合体字得到体现。如"戎"最早字
形作"𢦏"，像人一手拿戈一手拿盾之形，后中间的人形构件省略，金文做
"戎"，进一步简化为"戎"，本义为"兵器，武器"；"戒"字甲骨文"𢦦"和
金文"𢦦"均像双手持戈之形，本义是"防备，戒备"；"伐"的甲骨文作
"𢭃"，像以戈斩首之形，本义是"砍杀"；"杀"甲骨文作"𢽳"或
"𢽳"像以戈断人首之形，本义就是"杀死"；"歼"字甲骨文作"𢼸"，
像戈击二人之形，本义是"尽灭"；"何"的甲骨文作"𠂤"，像人荷
戈之形，本义是"担，挑"。武器不止一种，可以用肩扛的东西也很
多，可是这些字都选择"戈"为构件，说明造字时期戈十分常用。
此外，"战""戡""戢""截""戳""戏""或"等字也以"戈"为部首。
这也体现了戈在当时的重要性。

　　矛是古代用来直刺的进攻性武器，长柄，有刃。"矛"字金
文作"矛"，像没有安柄的直刺兵器矛头之形，右侧的圈，表示设在
矛头侧面的环孔——将矛头紧绑于矛柄时用来穿绳子。

矛　　　　如果在戈的顶端安上矛头，就成为既可以直刺，又可以横击的

戈

戟。最初的戟就是将戈和矛头安装在一起。后来才出现将横刃竖刃铸在一起的戟。

殳是用以扑击的无刃兵器。"殳"的甲骨文作""，像手持殳之形，从字形看，殳这种兵器的特点是顶端粗大；从出土文物看，秦代的殳有的长达3米以上。殳在远古时期广泛用来装备部队，后来将殳头改造成有棱无刃的金属头，杀伤力更大了。《诗经·卫风·伯兮》"伯也执殳，为王先驱"，诗中伯所持的武器正是殳，说明殳在当时军队中广泛使用。另外，"殳"作为部首，构字能力比较强，也说明殳比较常用，如"殴""段""殿""毁""殷""毅"的本义都与"击打"有或远或近的联系。

戟

4. 抛射兵器

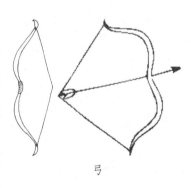

弓

"弓"字甲骨文作"弓"，金文作"弓"，像弓张弦形，小篆字形演变为"弓"。本义是用来射箭或打弹的器械。弓很早就用于战争，《尚书》《诗经》《左传》都有相关记载。弓主要用来射箭，如"射"字甲骨文作"射"，像箭在弦上之形，金文"射"又增加了手形构件，表示用手拉弓射箭。

所射之箭又称"矢"，"矢"的甲骨文作"矢"，金文作"矢"，上像箭头，中间是箭杆，下端是箭在飞行过程中起平衡作用的箭尾。箭的作用主

要是杀伤敌人，而箭的威力主要通过箭头来实现。《左传》记载，齐国将领子渊捷与鲁国将领声子相遇，子渊捷拉弓射箭，箭飞过车辕，声子赶紧用盾牌一挡，箭射入盾脊中整整有三寸，可见子渊捷之神力。声子不甘示弱，放下盾牌，也拉弓射箭，射人先射马，他瞄准子渊捷战车上的马匹，一箭飞出，穿透勒在马脖子上的皮带，马匹当即倒毙。如果箭头没有了，箭的杀伤力就会大大减弱。《孟子·离娄下》讲述了这样一个故事：子濯孺子和庾公之斯同是射箭高手却各为其主。不巧的是，战场上子濯孺子突然发病，他说："今天我的病发作了，不能拿弓，我是必死无疑了。"他问驾车人："追我的人是谁？"驾车人说："是庾公之斯。"子濯孺子说："我能活了！"驾车的说："庾公之斯是卫国善于射箭的人；您（反而）说'我能活了'，这是为什么呢？"子濯孺子说："庾公之斯是跟尹公之他学的射箭，尹公之他是跟我学的射箭。尹公之他是正派人，他看中的朋友一定也是正派的。"庾公之斯追到跟前，说："先生为什么不拿弓？"子濯孺子说："今天我的病发作了，无法拿弓。"庾公之斯说："我向尹公之他学射箭，尹公之他是向您学射箭，我不忍心用您传授的技术反过来伤害您。虽然这么说，可是今天这事，是国君交付的事，我不敢不办。"说完便抽出箭来，在车轮上敲掉箭头，向子濯孺子射了四箭之后返身回去了。

为了保护好箭，有专门盛箭的箙。"箙"甲骨文作"𢎛"，金文作"𢀖"或"𢀗"，都像矢在箭袋中之形，本义就是箭袋。表示盛箭之器还有"函"字，甲骨文作"𢎥"，金文作"𢎤"，取象装有箭矢的箭袋，本义就是装矢之器，泛指匣子。

弓不仅可以用来发射箭，也可以发射弹丸。这可从古文字形体上得到证明，"弹"（读作"dàn"）字甲骨文作"𢎘"，像弹丸在弓弦上之形，小篆字形作""，左边的构件是"弓"，右边是"丸"，会意字，本义就是弹丸。也可从文献中找到例证，汉刘向《说苑·善说》："弹之状如弓，而以竹为弦"，说明弹是利用竹片的弹力发射弹丸的兵器；《左传》记载："晋灵公不君……从台上弹人，而观其辟丸也。"意思是晋灵公不行国君正道。他还从台上用弹弓射人，观看人们躲避弹丸来取乐。

后来，我们的祖先又发明了一种利用机械力量将箭射出的古代弓箭，这种弓箭叫做"弩"。

炮

"炮"也是一种抛射兵器，它最初是将石头抛出砸向敌人，即是一种飞石车，又叫"抛车"、"抛石车"、"抛石机"等。后来为它造了专用字"礮"，显然，"礮"字"从车从抛省，抛亦声"。后又为"礮"重造了形声结构的异体字"砲"。直至现在，象棋中"炮"也有的写作"砲"。火药发明后，砲发射出去的不再是石头，而是更有杀伤力的炸弹，于是借用"炮烙"的"炮"字记录该词。

5. 防御性兵器

"盾"的小篆字形作"盾"，《说文解字》说解为："瞂也。所以扞身蔽目。象形。"意思是，盾是古代打仗时防护身体，挡住敌人刀箭等的牌。金文中有"◆"（毌字），形象描绘了古时候盾牌的样子。古代将士在作战时，通常左手持盾以掩蔽身体，防卫敌人刃矢石的杀伤，右手持刀或其他兵器击杀敌人，二者配合使用。古人称盾为"干"，与戈同为古代战争用具，故有"干戈相见"等词。传说我国最早的盾，远在黄帝时代就有了。《山海经》中有关于"刑天"这位英雄人物的神话，描写他一手操干，一手持斧挥舞不停的雄姿，其中"干"就是盾。成语"自相矛盾"语出《韩非子·难一》，是说楚国有个卖盾和矛的人，称赞他的盾说："我这盾非常坚固，没有东西能刺穿它。"又称赞他的矛说："我这矛非常锋利，没有它刺不穿的东西。"有人说："用你的矛去刺你的盾，会怎么样？"这个卖东西的人不能够回应了。

显然，如果战斗者一手持盾防御，一手持兵器进攻，在乱军中很难有所作为，因此，有人认为盾牌最初可能主要用于遮挡远距离射来的箭。为了适应短兵相接的战斗，先民发明了戴在头上的"胄"。

"胄"金文作"𦥯"或"𩠐"，上边的构件像头盔，下边的构件用眼睛代表人头，整字像人戴头盔之形。"胄"的本义就是作战时戴的头盔。"胄"不仅遮掩保护头的顶部和后部，也遮挡保护面部，因此戴上胄之后，别人就看不清他的脸了。《左传·哀公十年》记载叶公子高平定楚国白公之乱时："（叶公子高）及北门，或遇之，曰：'君胡为不胄？国人望君，若望慈父母焉。盗贼之矢若伤君，是绝民望也，若之何不胄？'乃胄而进。又遇一人，曰：'君胡胄？国人望君，如望岁焉，日日以几。若见君面，是得艾也。民知不死，其亦夫有奋心，犹将旌君以徇于国，而又掩面，以绝民望，不亦甚乎？'乃免胄而进。"开始有人建议叶公子高带上头盔，理由是如果盗贼之箭矢伤害他，将使国人伤心失望，于是他戴上头盔；后来又有人建议他不戴头盔，理由是要让国人能看见他的脸，知道他活着，这样心里踏实，更有斗志。于是叶公子高又摘下头盔。可见，戴胄是为防矢，但也会把人的脸遮盖。

按周礼，头上戴胄时，见到尊长就要摘掉，《左传·僖公三十三年》载秦军经过周北门，为表示对周的尊敬，"左右免胄而下"。两国交战时，一方的臣遇见对方的国君要行君臣之礼，《左传·成公十六年》记载晋楚鄢陵之战时，晋郤至在战斗中每次遇见楚王都下车免胄，此事传为佳话。

"介"字甲骨文作""，金文作""，像人穿戴铠甲之形。本义就是铠甲。《史记·平津侯主父列传》"介胄生虮虱，民无所告愬"，其中"介胄"指的就是铠甲和头盔。古代战争中，不仅人要穿上铠甲，马也要披上战甲。《左传》记载，成公二年，齐晋在鞌地展开大战，当时兵力占优势的齐侯非常轻敌，竟然"不介马而驰之"，意思是不给马披上战甲就驱马进攻，结果大败。"介马"包括给马戴上面罩，在前胸挂上护甲，把马尾捆束起来装在套子里。保护马尾的套子，也叫作"马尾韬"。其中前胸上的护甲主要将马的胸腹包住，后来就称没有袖筒的夹袄为"马甲"。马甲的样子与背心相同，只是要比背心厚实，大都有里有面。

"甲"字甲骨文作""或""，像鳞甲之形。本义就是鳞甲，如"甲骨"；引申为"铠甲"，如"甲胄""盔甲"。作为防御性武器的甲，周以前，仅以皮革制成，无铠片。西周时期皮质甲上钉缀青铜饰件，以增强防护效能。战国出现铁甲。秦汉革甲、铁甲、铜甲并用，卫体部位增多，防护部分为胸、背、腹。南北朝时，保护腿部的甲裳"腿裙"和护臂的"披膊""筒袖"相继问世，全套铠甲形成。

唐代出现制作精良的甲，有细麟甲、乌锤甲、锁子甲等。在唐代铠甲的基础上，宋代的甲胄形成了较完整的制度，盔甲的材质分为铁、皮、纸三等，铁甲最为贵重。南宋中期以后，铠甲的重量有所减轻，但甲叶的数目有所增加，说明铠甲的质量又有所提高，更加精细了。甲胄一直沿用了数千年，其间形制不断得到改进，制作甲胄的材料亦多种多样，其防护功能逐步完善。

"武"的甲骨文字形作"𢦐"，由"止""戈"两个构件组成，"止"像脚形，表示行走，"戈"是武器，整个字形表示拿着武器去征伐。后来，"止"字引申有"停止"的意思，而且成为"止"的最常用义项，于是春秋战国时期的楚庄王对"武"字构意进行了重新说解："夫武，定功戢兵。故止戈为武。"意思是说，"武"的作用就是建立功业，制止战乱，因此用"止戈"（意思是"制止战争"）组成"武"字。楚庄王的这个解释正与儒家思想相合，所以许慎拿来解释小篆字形，这种说解一直以来成为"武"的精髓。

二 古代刑法

1. 说"法"论"刑"

"法"的小篆字形作"灋"，由三个构件组成，左上部分是"水"，表示法要"平之如水";下边的构件是"去";右上部分构件像一种名叫"獬豸"的神兽之形,传说这种动物见人争斗即以角触不直者(没有理的人),因而也称直辨兽,触邪。当人们发生冲突或纠纷的时候,獬豸能用角指向无理的一方,甚至会将罪该万死的人用角抵死,令犯法者不寒而栗。传说帝尧的刑官皋陶曾饲有獬豸,用来帮助辨疑治罪,凡遇疑难不决之事,让獬豸来裁决,都准确无误。因此,在古代,獬豸就成了执法公正的化身,古代法官戴的帽子又称"獬豸冠"。"法"字形体由这三个构件合成,表示以獬豸触去理屈者,从而使审判公平如水。这种用冥冥神灵裁判是非的刑法制度,是世界各民族社会刑法历史共同经历过的阶段。

"刑"小篆字形作"㓝",左边的构件为"井",古人认为井水有常德,"不概自平,多取不损,少汲不盈",是公平和法律的象征;右边的构件为"刀",是刑具,具有威慑争讼双方的权威力量。

可见,"刑""法"二字的形体结构都突显了法律应该具有的公平特点和惩罚邪恶的功能。

2.古代刑具

甲骨文中有"🦅"字,像古代一种类似手铐的刑具,读作niè,楷定为"幸"。"🦅"还可以与其他构件组成合体字。如"执"字甲骨文作"🦅",左边的构件像古代一种类似手铐的刑具,右边的构件像两手被刑具钳制的跪坐人形，表示捕执之义。同样，"报"字甲骨文作"🔣"，由三个构件组成，左边的构件表示类似手铐的刑具，中间的构件像双手被钳制曲膝下跪的罪人，右边的构件像一只手按住罪人，整字表示抓捕罪人。"圉"的本义是用来拘禁罪人的囹圄，甲骨文字形作"🔣"或"🔣"，前者由刑具和封闭区域组合，后者由带刑具的罪人和封闭区域组合。从以上这些包含"幸"构件的古文字形体可以看出，"幸"的甲骨文字形取象于古代用来钳制手的刑具，即手铐。

"辛"的商代金文字形作"🔣"，像古代的刑刀。古代许多与罪相关的字都包含"辛"构件。如"妾"字甲骨文作"🔣"或"🔣"，上边的构件表示刑刀，下边是"女"，像女子跪坐而头上戴有刑具之形，表示"有罪女子"，后一个字形还有象征压迫的手形，更形象地表现妾的身份是因被俘或犯罪而被剥夺了自由、被迫为他人服务的女奴。因此，《说文解字》把"妾"字解释为"有罪女子，给事之得接于君者"，意思是，有罪的女子中，为君王服务并有机会接触君王的。后来引申指"古代男子在妻子以外娶得的女子"。同样，"仆"字甲骨文作"🔣"，像头上戴有刑具的罪人双手捧箕劳作的样子，表示供人役使的人。"辟"的甲骨文字形作"🔣"，《说文解字》说解为："法也。从卩从辛，节制其罪也。从口，用法者也。"其中"卩"构件表示节制，"辛"表示罪。

"罪"本来作"辠"，由"自"和"辛"两个构件组成，"辛"构件也表示刑刀。但后来，秦始皇将"辠"字改为"罪"。秦始皇为什么偏要和"辠"字过不去呢？这里还有一段故事。秦灭六国之后，嬴政把大臣召集来"议帝号"。但位居于七国之尊的嬴政，究竟应该有一个什么样的"尊号"呢？大臣们议论纷纷。中国古有天皇、地皇、泰皇，为"三皇"，泰皇为最高、最尊、最贵，所以有大臣建议嬴政称"泰皇"。但是也有人认为：古有五帝，即黄帝、颛顼、帝喾、唐尧、虞舜，而嬴政的功绩为"五帝所不及"。嬴政最后取"三皇"之"皇"、"五帝"之"帝"合为"皇帝"。嬴政是第一个皇帝，所以称"始皇帝"。"皇"的小篆字形作"皇"，与"辠"字形相近，秦始皇觉得很不吉利，于是下令废掉"辠"字，而借用本义是"捕鱼竹网"的"罪"字记录"犯罪"之"罪"义。

3."五刑"

　　中国古代有五刑之说，"五刑"即五种刑罚之统称。不同时期，五刑的具体所指并不相同。西汉文帝以前，五刑指墨、劓、刖、宫、大辟；隋唐之后，五刑则指笞、杖、徒、流、死。"五刑"的特点大都能从字形上得到体现。

　　"黥"字也作"剭"或"黥"，分别由"黑""京""刀"三个构件中的两个组成，"黑"和"刀"具有表义功能，分别突出黥刑的特点和所用工具，就是在人额头或脸上刻下表示犯罪的标志，再填以黑墨，使其永不褪色。

"京"则标示读音。黥刑，又叫墨刑、墨辟、黥墨。

五代以后，黥面之刑一律改为针刺，并与流刑结合，成为"刺配"。《水浒传》中林冲便是受了刺配之刑。

"劓"的甲骨文字形分别作""或""，由取象鼻子的构件"自"和刑具"刀"组成，表示用刑刀割去鼻子。小篆字形作""，《说文解字》说解为"刑鼻也"。

"刖"的甲骨文字形作""，右边是一只手拿着一把锯，左边人形靠近锯的一条腿较短，表现的正是以锯锯断人腿的施刑场面。据《韩非子·和氏》记载，春秋时期，和氏璧的发现者就曾两次遭受刖刑。楚国的一个人在山中得到了一块璞玉，把他献给了当时的武王，武王让懂得玉的人来辨识，那位懂玉的人说，是石头，武王因此认为这个人欺骗自己，就下令对他施刖刑，砍断了他的左腿。等到文王即位，这个人又把这块璞玉奉献给文王。文王又让当时懂玉的人辨识，那个懂玉的人又说是石头。文王又认为这个人欺骗自己而对他施以刖刑，而砍断了他的右腿。

与刖刑相似，古代还有一种挖去膝盖骨的刑罚，因膝盖骨也叫髌骨，这种刑罚被称作膑（髌）刑。战国时期著名军事家孙膑就是因为受到膑刑而得名。

宫刑

宫刑，又称淫刑、腐刑、蚕室刑，特点是割去受罚者的生殖器。甲骨文中"豕"字作""，像大腹小尾的猪形；还有""字，在猪的腹下多一笔，这一笔表示猪的生殖器，突出公猪的特点，这就是"豭"字。《说文解字》"豭，牡豕也"，牡豕就是公猪，豭是后来造的形声字。与之相近，甲骨文中还有个""字，与"豭"的甲骨文字形相比，主要差别是腹下一笔与腹部不相连，表示该公猪的生殖器被割掉，也就是"去势之豕"。古代某些罪犯也会被施以去势之刑，即割掉生殖器，这种刑罚就是"宫刑"，也称为"椓""劓"或"毃"。

甲骨文中还有个""字，非常形象地表现了宫刑的特点：左边的构件像男子生殖器，右边的构件是实施宫刑的刑刀。"宫"刑最初的施行对象，是犯了奸淫之罪的男女。《尚书》说："男女不以义交者，其刑宫。"后来其他重罪者也被处以宫刑。历史上曾受到宫刑的最著名的人物是《史记》作者司马迁。

大辟

大辟，即死刑，分为戮、烹、车裂、弃市等。

戮又作劉，以"戈"或"刀"为表义构件，意思就是用刀、斧、戈等把犯人杀死的意思。

烹，以"灬"为底，"灬"是"火"的变形，烹就是煮的意思。烹刑，也称烹杀，是一种酷刑。施刑者先将犯人的衣服脱光，并将犯人推入一个如成人般高的大锅，放在柴火上烹煮。著名神魔小说《封神榜》中，周文王之子伯邑考因遭到妲己的陷害，被纣王处以烹刑，放在大锅里"烹为羹"。《史记》记载，项羽也曾威胁要把刘邦的父亲烹杀，不过刘邦表示并不在乎，最后项羽只好放弃这个想法。

车裂，民间俗称"五马分尸"，特点是将犯人的头及四肢分别缚到五辆车上，由马引车前进，把身体撕裂，传说秦国的商鞅受此刑而死。

弃市就是在人众集聚的闹市，对犯人执行死刑并将犯人暴尸街头的一种刑法。

隋唐之后的五刑，"笞"（chī）和"杖"都是用刑具抽打受刑者，区别是：笞是用小荆条拧成的刑具抽打受刑者臀部；杖是用粗荆条拧成的刑具抽打受刑者的背、臀和腿。徒是强制犯人劳役。流是将犯人流放到边远地区，不准回乡。隋唐之后的死刑一般为两种：绞和斩。宋代以后增加了凌迟。明清又增加枭首。"绞"字以"纟"为部首，绞刑就是用绳索等把犯人勒死吊死的刑罚。"斩"字由"车""斤"两个构件组成。"斤"指斧钺，古代刑具；"车"指囚车。"车"与"斤"联合起来表示"用囚车把死刑犯从监狱运送到刑场，以斧钺砍杀"的一种刑罚。凌迟，也作陵迟，本义为"丘陵之山势渐缓"，引申为一种让犯人慢慢死去的刑罚。这种刑罚俗称"千刀万剐"，是中国酷刑之一。刽子手把受刑者身上的皮肉分成数百至数千块，用小刀逐块割下来。而且，行刑很有讲究，如果受刑者立刻死亡，则说明刽子手行刑失败。受刑者往往要忍受数小时的痛楚才会气绝身亡。"枭"字小篆字形作"枭"，像鸟头挂在树上。枭首是把犯人的首级插在高竿上，悬于公众经过的地方展示，以儆效尤，称为枭首。后来"枭"也用来称猫头鹰之类的猛鸟。

4. 古代其他刑法

炮烙之刑是在铜柱上涂油，下边用炭火加热，令有罪之人在铜柱上行走，罪人掉入炭中活活烧死。

"刵"字由"耳"和"刀"两个构件组成，《说文解字》说解为"断耳也"，本义就是割去耳朵的刑罚。

"髡"（kūn）字由"髟"和"兀"两个构件组成，上边的"髟"表示头发，下面的"兀"是取象人头形的"元"构件的省略，本义就是剃发。

"耐"，也可写作"耏"或"𦓑"，小篆字形作"𦓒"或"𦓷"，"耐"的古今所有字形都包含"而"构件，"而"小篆字形作"𦓃"，《说文解字》说解为："颊毛也，象毛之形。"本义就是脸颊上的胡须，所以"耐"的本义就是剔除颊须的一种处罚形式。《说文解字》说解为"罪不至髡也"，意思是一种比"髡"轻的刑罚。

在今天看来，剔除头发或剔除颊须都是非常平常的事情，为什么古代剃发、剃须会作为一种刑罚呢？这是因为古人将须发视为不可侵犯的神圣之物，剃去须发，虽无皮肉之苦，其耻辱程度则十分严重。因为在古人看来，"身体发肤，受之父母，不敢毁伤，孝之始也"，"父母全而生之，子全而归之，可谓孝矣"，而"百善孝为先"。因此剃发去须，会对人造成极大的侮辱，给人以耻辱感，因此，剃发的"髡"和剃须的"耐"都成为古代一种较轻的刑罚。

"罚"的小篆字形作"罰"，《说文解字》说解为："罪之小者。从刀从詈。未以刀有所贼，但持刀骂詈则应罚。"可见，罚是比刑轻的惩罚，主要体现为经济制裁。《尚书·尧典》记载："金作赎刑。"汉代孔安国解释说："金，黄金。误而入刑，出金以赎罪。"可见，赎刑就是经济惩罚，早在西周时期就有，之后各个时期都有赎刑。传说东方朔曾用"金千斤钱千万"为昭平君赎死罪。当然，赎刑并非任何人任何情况都适用，多适用于有官职地位者或老者弱者。如汉代飞将军李广与匈奴交战失败被俘，后虽逃回，但依法当斩。他交了赎金，就被免死，只被罢免官职。又如汉代司马迁被处以宫刑，他本可以用钱赎刑，但因为钱不够，赎刑没有成功。赎刑的设置既有利于统治者搜刮民财，也可使富人逃避刑法的制裁，确是为有钱人创造的救星。但是，不是什么罪都可赎的。如《尚书·吕刑》规定："五刑不简，正于五罚。"意思是当罪犯的罪行不能核实定案，不能判处五刑，才处以罚金。以后各代对于赎刑都有规定，宋明时期尤为严格。

秦时罚金称"赀"。《说文解字》把"赀"说解为："小罚以财自赎也，从贝此声。汉律：民不繇，赀钱二十二。"《睡虎地秦墓竹简·秦律十八种》："不从令者赀一甲。"《睡虎地秦墓竹简·效律》："过二千二百钱以上，赀官啬夫一盾。"可见，赀的内容不仅有钱，还有甲、盾等武器。

第八章
从汉字看单位名词

古代汉语最初没有量词，但却有各种单位名词。不同时代对同一事物的称呼不尽相同，如现在所说的"年"，夏代称为"岁"，商代称为"祀"，周代称为"年"。同一单位名词的内涵，在不同时代也不尽相同，如"尺""丈"等长度单位名词所指的实际长度，周代不同于汉代。本章以古文字形体为线索，对常用时间单位名词、长度单位名词、重量和容积单位名词的意义及其变化进行梳理。

一　纪年名词

"年""岁""祀"都是现代汉语中比较常用的词语，"年"主要用做时间名词，"岁"主要用做表示年龄的量词，"祀"主要表示"祭祀"。这三个词在古代汉语中具有共同的义项，即表示地球绕太阳一周的时间——"一年"，约365天。这三个词做时间名词的时代不同，具体说就是，夏代用"岁"，商代用"祀"，周代用"年"。三个不同的名词，反映了三代各不相同的历史文化特点。

"岁"字西周金文作""，与繁体字"歲"一脉相承。本义就是"木星"，也叫"岁星"。表示"木星"的"岁"字为什么以"步"为部首呢？中国最早的纪年法是夏代的岁星（木星）纪年，它的特点是根据岁星运行规律——岁星约十二年在黄道附近绕天一周——古人把黄道附近的一周天分为十二个星次，岁星每年行一个星次，于是，用"岁"来表示岁星运行经过一个星次的时间。夏代以岁星在天空中的运行情况作为纪年的依据，说明夏代十分重视对天文现象的观测和研究，直至现在夏历仍在使用，可见夏代天文研究的水平之高。

"祀"字，《说文解字》说解为"祭无已也"，意思是不停地祭祀。商代非常重视祭祀，祭祀种类繁多，什么时间祭祀什么神灵都有一定规定，完成一个周期的各种祭祀，整整是一年，因此就用表示一个祭祀周期的时间"祀"来纪年。

"年"字甲骨文作""，像人背禾之状，表示丰年收获之意。在黄河流域，普通谷类大概一年一熟，周代就以谷物的生长、收获周期作为纪年依据。周代用谷物生长、收获的周期作为纪年依据，说明农业生产在周代社会生活中的地位十分重要。

二　季节名词

　　"时"字甲骨文作"𡆥",上边的构件取象于脚向外走,是"之"的甲骨文字形;下边的构件是"日"。整个字的构意表示太阳运行。《说文解字》:"时,四时也",本义就是季节。可见,古人划分季节的一个重要依据就是太阳运行的情况。

　　"春"字甲骨文作"𣋈"或"屯"。第一个字形的左半部,中间像太阳之形,上下都像草形,右半部,像初生的小草;第二个字形的左半部,像太阳之形,右半部,像初生的小草。本义就是"春天"。可见古人为"春"造字时,抓住了春天阳光明媚、草木萌发的特点,并用具体的意象把它表现出来。

　　"夏"的金文字形作"夒",像一个人之形,两侧的构件表示两手,下边的构件表示两脚,本义就是中原古部族的名称,即"华夏"之夏。用来记录夏天的"夏"是假借用法。

"秋"字甲骨文作""或"　　"，像蝗虫之形。《说文解字》所列古文字形作"　　"，该字形除了蝗虫形构件外，又增加了"火"构件和"禾"构件。秋后蝗虫蛰伏，是火烧蝗虫的最佳时机，因此用火烧蝗虫表示秋季，又增加"禾"构件表示秋天是庄稼成熟的季节。

　　"冬"字甲骨文作"　"或"　"，像丝绳两端有结之形，表示末端之义，冬季是一年的末端，因此，用这个字形表示"冬天"义。冬天的特点是寒冷，于是，又增加取象冰凌形的"仌"构件。"冬"小篆作"　"，《说文解字》说解为："四时尽也。从仌从夂。夂，古文终字。　，古文冬从日。"

三　时间名词

　　"日"的甲骨文字形作"　"，像太阳之形，本义就是"太阳"，有太阳的时间是白昼，因此，"日"又有白昼义。每天日出日落，约二十四小时一个周期，因此"日"又有一昼夜的意思。

"月"的甲骨文作字形作""，像月牙之形，本义就是月亮。月有圆缺变化，古人用圆缺变化的一个周期作为记时单位，这就是阴历的一个月。

旦　朝　昃　昏　暮　朔　霸　朏　望

用来记录时间的名词，往往以"日""月"作为表义构件。

"旦"字甲骨文字形作""，上边的构件像太阳之形，下边的构件表示大地，意思是太阳刚刚离开地平线不远，本义就是早晨；小篆字形作"旦"，用一条横线表示地平线。

"朝"字甲骨文字形作"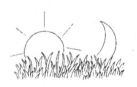"，像日月都在草莽中之形，表示太阳已升到草莽之中，而月亮还没有落下的时候，即早晨。

"昃"（zè）字甲骨文字形作"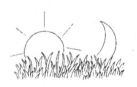"，左下方的构件是"日"，右上方的构件是一个侧歪的人形，表示太阳已经向西侧歪的时候，即午后的一段时间。

"昏"字甲骨文字形作"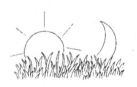"或"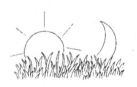"，后者由"氏"和"日"两个构件组成，小篆作"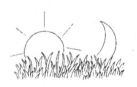"，《说文解字》说解为："日冥也。从日氏省。氏者，下也。"意思是说，"昏"字的构意是太阳落到低处的时候，也就是黄昏之时。

"暮"字甲骨文字形作"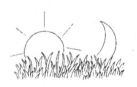"，像太阳落到草丛

之中，表示傍晚时光，本义就是傍晚。后来增加表义构件"日"作"暮"。

"朔"字以"月"为部首，本义也是一种月相名称，指月亮运行到太阳和地球之间，与太阳同时出没，在地球上看不到月光的时候，即阴历每月初一。

"霸"字西周金文作""，以"月"为部首，本义就是月相名称，指月亮刚刚发出光亮的时候，一般在阴历初二或初三。

"朏"字古文字形作""，由"月"和"出"两个构件组成，本义是"月未盛之明"，常用来指阴历初三。

"望"字甲骨文字形作""，像人登高举目远眺的样子，本义就是往远处看。阴历十五，月亮最圆，月亮与太阳一东一西，遥遥相望，因此阴历十五的月相被称作"望"。

四　长度名词

古人在测量自己周围事物的长度时，常常根据自己身体的特点，以人体某部位的长度作为计量事物长度的标准。许慎在《说文解字》中对此有详细的解释。

寸

"寸"字小篆字形作""，由"又""一"两个构件组成，"又"是手形，"一"是指事符号，以指示寸口的部位。《说文解字》说解为："寸，十分也。人手却一寸动脉谓之寸口。"意思是从人的手腕向后退手的中指中间一节的长度，是脉搏动感强烈的地方，这就是寸口。从寸口到手腕的距离，每人各不相同，因此规定中等身高之人的寸口离手腕的距离为一寸。可见，寸的长度规定源于人体部位。

《说文解字》把"尺"字说解为："尺，十寸也。人手却十分动脉为寸口，十寸为尺。"《大戴礼记·王言》又有"布指知寸，布手知尺"的说法。由此可以知道，古代的一寸大约相当于常人中指中间一节的宽度，一尺大约相当于张开手掌后，从拇指指端到中指指端之间的长度。

"咫"字《说文解字》说解为："中妇人手长八寸，谓之咫，周尺也。"意思是一咫的长度大约相当于中等身材的妇女的手掌长度，周代的一尺就是一咫，也就是八寸。

"寻"的甲骨文字形作""或""，像平伸两手测量事物长度的样子，"寻"作为一种长度单位，其长度相当于一个人平伸双臂时，从一只手的中指尖到另一只手的中指尖的距离，这个长度大约相当于人的身高，一般人的身高是古制的七八尺（西周和秦代，一尺约合今天的23.1厘米，七尺相当于现在的184.8厘米）。因此，一寻的长度，有的认为是七尺，有的认为是八尺。

"常"字从巾尚声，《说文解字》以为是"裳"的异体字，但是根据很多从"巾"的字义与旗帜有关，而且古文献中有很多"常"作"旗帜"义的用例，可以认定"常"的本义应是旗帜的名称。这种"常"树立在车上，其高度有一定的标准，这种标准成为高度的等级标志，并由此发展为长度单位。古代文献中多次出现"八尺为寻，倍寻为常"的说法，可以得知，一常大约相当于一丈六尺。

"仞"是一种测量高度或深度的单位。考其语源，"仞"与"人"音近义通，具有同源关系，也就是说"仞"这种长度单位来源于人的身高，最初就以人的身高为标准。身高因人而异，一般身高在古制七八尺左右。因此，关于"仞"的长度旧说不一。

古人测量长度大都以人体作为标准，即采用"近取诸身"的方法。除此之外，古人还利用自然物作为计量长度单位的标准，主要是以粟黍和丝毛为基准。

以粟黍为基准，就是以谷物的颗粒等作为计量长度的单位。《淮南子·天文训》："秋分蔈定，蔈定而禾熟。律之数十二，故十二蔈而当一粟，十二粟而当一寸。"其中的"蔈"是禾穗的芒尖，"粟"是未去皮的小米，即谷子。也就是说，十二根禾穗的芒尖的直径之和，就是一粒谷子的长度；把十二粒谷子一粒挨一粒地排成一条直线，它的长度就是一寸。显然，蔈和粟的长度都非常小，用它们作为计量长度的基准物，不仅取用方便，而且误差非常小，具有比较准确的优点。

以丝毛为基准，就是以蚕丝和毛发作为计量长度的单位。《孙子算经》卷上："度之所起，起于忽。欲知其忽，蚕吐丝为忽。十忽为一丝，十丝为一毫，十毫为一氂，十氂为一分。"其中"毫"字以"毛"为部首，本义是鸟兽身上长而尖的毛；"氂"字也以"毛"为部首，本义是牦牛或马身上的长毛，也写作"釐"，今简化为"厘"。意思是说，十根蚕丝直径之和，就是一丝的长度，十丝的长度是一毫，十毫的长度是一厘，十厘的长度是一分。

五　重量和容积名词

古代先民在计算事物的量时，主要采取"远取诸物"的方法。"远取诸物"的方式主要有两种：一是以粟黍为基准，一是以器物为基准。

以粟黍为基准，就是以谷物颗粒作为计量标准。如《淮南子·本经训》："其以为量，十二粟而当一分，十二分而当一铢，十二铢而当半两。"也就是以一粒谷子的重量为基本计量标准，十二粒谷子的重量之和就是一分，十二分就是一铢，十二铢就是半两，或者说二十四铢是一两。古人还以一粒黍子的重量作为计量基准，如《孙子算经》："称之所起，起于黍。

十黍为一絫，十絫为一铢，二十四铢为一两，十六两为一斤。"这样，一斤就合38400黍。

古人除了使用自然之物作为质量单位标准，还以人工制成的器物作为质量单位标准。

"吨"，原来写作"镦"，以"金"为部首，本义是"矛、戟等古代长兵器下端的平底铜套"，后来引申指"打夯用的重锤"。《说文解字》就把"镦"字说解为"千斤椎"。因为"镦"分量很大，后来渐渐成为计量重物质量的单位。此外，"钧""石"也是古代常用计量单位，一钧等于三十斤，四钧就是一石，也就是说，一石等于一百二十斤。

"勺"的小篆字形作"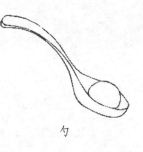"，外部轮廓像一个带柄的勺子，中间的短横表示勺中所盛的东西，本义就是一种用来舀东西的器具。后来制作规范的勺，被人们用作计量器具。在计量单位里，一勺等于百分之一升。《孙子算经》："量之所起，起于粟。六粟为一圭，十圭为一撮，十撮为一抄，十抄为一勺，十勺为一合。"其中较小的计量单位是以谷子颗粒为标准的，"圭"是六个谷子颗粒，"撮""抄"本来分别指"用三个指头抓起""用手掌合拢取物"的动作，这里用作计量单位，分别相当于六十个谷子颗粒和六百个谷子颗粒。根据已

勺

经出土的秦汉量器上的铭文及实测情况看，当时的一升约合现在的200毫升。这样，一勺就是2毫升左右，也就是现在的2立方厘米。

"合"字甲骨文作""，下边的构件像器皿，上边像盖子，整字像器盖相合之形。可见，"合"本是一种小型常用容器，用于计算数量不大的物品很方便，因此成为计量器具。一合的容积约为20立方厘米，约相当于一个鸭蛋的大小。

合

"斗"和"升"的金文字形分别作"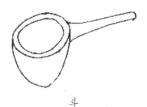"和"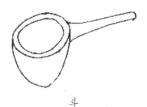"，"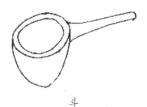"像古代量器斗之形，上边为量器主体部分，下边的构件为斗柄。"升"的金文字形"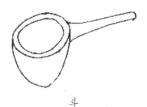"与"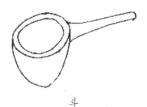"相似，只是增加了一个点以示区别。"斗"

斗

和"升"都是古代最常用的计量器具。十合为一升，十升为一斗，可知，一升容积约为1000立方厘米，一斗容积约为10000立方厘米。"斛"字以"斗"为部首，本义就是计量器具，根据《说文解字》："斛，十斗也"，南宋以后，又改五斗为一斛。

以器物为基础发展出来的计量名称，还有豆、釜、钟、缶等。在此就不一一列述了。

第九章

从字到人：古人如何认识自己

古代先民造字时，"近取诸身"是十分常用的方法。因此，表示人体部位的古文字比较多。比如"耳""目""口""自""首""又""止"等字都取象于人的耳朵、眼睛、口、鼻子、头形、右手、脚。中国古代先民不仅对自己身体的各个部位有比较明确的认识，把它们作为造字取象的丰富资源，而且对于疾病及治疗方法也有一定认识。本章对"疾""病"二字从古文字形体入手，分析其字形所包含的丰富文化内涵。同时，对古代医疗从巫医同源、古代药物和针灸疗法几个方面进行了简单介绍。

一　汉字与人体

1. 头

　　"首"字甲骨文作""，像人头之形，上边是头发，下边是脸，脸部突出眼睛；金文演变为""，小篆演变为""。"首"的本义是头。本义是"头"的字还有"页"，甲骨文作""，像跪坐的人形，特别突出其头部，金文演变为""，小篆演变为""。

2. 面部器官

"面"字甲骨文作""，小篆作"圙"，像人面形，外像面部边廓，内像眼睛，因五官中最引人注意者莫过于眼睛。"面"的本义就是脸，即整个面部。需要注意的是："脸"的本义是两颊，如杜牧《冬至日寄小侄阿宜诗》"头圆筋骨紧，两脸明且光"，其中的两脸就是两颊的意思。后来引申为"整个面部"，并成为常用义。

"目"字甲骨文作"⟪⟫"或"⟪⟫"，像眼睛之形，后演变为"⟪⟫"，小篆字形作"目"。本义就是眼睛，如"目不转睛"。

"自"的甲骨文作"⟪⟫"，像鼻子之形，小篆变作"自"，本义就是"鼻子"。以"自"为部首的字本义与鼻子有一定关联。如"鼻"本义就是鼻子；"臭"本义是用鼻子辨别气味；"息"的本义是气息，也与鼻子有关联。

"耳"的甲骨文作"⟪⟫"或"⟪⟫"，像耳朵之形，金文作"⟪⟫"，小篆变作"耳"，本义就是"耳朵"。以"耳"为部首的字，意义大多与

"耳朵"有关。如"聋""聪""聋""耽"本义是与耳朵相关的形容词；"闻""聆""聊""聂"本义是与耳朵相关的动词。

"口"的甲骨文作""，金文作""，小篆作""，像张口之形。以口为部首的字大多与口有关。如"舌"的甲骨文作""，金文作""，像张口伸舌之形，舌有分叉，说明取象蛇之舌，蛇吐舌俗称吐信子，本义就是"舌头"。再如"唇"，《说文解字》古文作""，从页辰声；小篆字形作""，从肉辰声。其实，"辰"构件不仅具有表音功能，也具有表义功能，因为"辰"的甲骨文作""或""，像蜃从壳中出来之形，本义就是蜃。蜃的两片壳一张一合与人的嘴唇十分相似，因此"辰"构件兼有表义和表音两种功能。"唇"与口的关系十分密切，楷书字形变为从口辰声（小篆""本义是"惊也"）。

"齿"的甲骨文字形作""，像张口露齿之形。显然，所露之齿是唇后的门牙。所以，齿的本义是"门牙"。"笑不露齿""唇亡齿寒""唇齿相依"中"齿"的意义都是门牙。而"牙"字小篆字形""，《说文解字》说解为"牡齿也"，牡齿就是大牙，即人们常说的后槽牙。古代音韵学按发音部位的不同，把声母概括为"唇、齿、舌、牙、喉"五音，其中"齿音"和"牙音"在现代汉语中分别称为"舌尖音"和"舌根音"，这说明"齿"和"牙"在古代汉语中所指意义不同。随着语言的发展，"齿""牙"组合为并列式合成词"牙齿","齿""牙"的意义所指逐渐混同，如"牙膏""牙刷""拔牙""镶牙"以及"健齿""龋齿"中的"牙"或"齿"不再只指后槽牙或门牙，而是包括所有的牙齿。

"须"字金文作"鬚"，像人面部长有胡须之形，后来写作"鬚"，又简化为"须"。"须"的本义就是"胡须"。由本义"胡须"引申为"动植物或其他物体上像须的东西"。例词："根须""花须""触须"。

"眉"字甲骨文作"眉"，金文作"眉"，从目，目上构件像眉毛之形，本义就是眉毛。小篆字形为"眉"。

3.脖子

"领""颈""项"三个字都以"页"为部首，"页"的本义是"头"，因此"领""颈""项"的本义都与人头有关。"领"的本义是脖子，而且是整个脖子，《诗经·卫风·硕人》"领如蝤蛴"形象地描绘了女子脖子白而长的特点。因为衣服的领子是围绕着脖子的，于是称其为"衣领"。拿起一件上衣，最好的方法是提起衣领，于是产生成语"提纲挈领"，并进一步产生"纲领"一词。"颈""项"的本义也是脖子，但"颈"主要指脖子的前部，

"项"主要指脖子的后部，"望其项背"的"项"指的就是脖子的后部。

4. 躯干各部位

"身"的甲骨文作"？"，金文作"？"，像人而隆其腹之形，本义就是身孕，胎儿。如"怀身子"，《诗经·大雅·大明》"大任有身，生此文王"。后来引申指身体。

"背"的甲骨文作"？"，像二人背靠背之形，本义就是脊背，即肩至后腰部分。

人后背的中间是脊，有两个象形字。一个是"吕"，小篆作"？"，像椎骨棘突上下相连；另一个是小篆"？"，中间表示椎骨，两侧表示肋骨，下面一横表示腰部。

"要"的金文作"？"，《说文解字》古文作"？"，小篆作"？"，中间像人形，两旁像两手叉腰之形，本义就是腰，后增加表义构件"肉"作"腰"。"腰"在人体的正中间，非常重要，因此引申有"主要的内容"之义，如"摘要""纲要""扼要"；还引申有"重大"之义，如"要事""要职""要紧"。

"腹"字金文作"？"，从人复声，小篆和楷书字形都从肉复声，本义是腹部，位于肋下。

"腋"字甲骨文作"？"，金文作"？"，小篆作"？"，楷定为"亦"，在人的两臂之下各加一点，表示腋下所在之处，本义就是"腋窝"，后来写作"腋"。

5. 内脏

"脏"字繁体字作"臓",从肉藏声,中医称"心、肝、脾、肺、肾"为内脏,因此,表音构件"藏"也具有表义功能,表示这些器官是隐而不露的,是藏在体内的。

同样,"腑"字的表音构件"府"也具有表义功能,"府"的本义是指藏文书的地方,人体的六腑(胃、大肠、小肠、三焦、膀胱、胆)也是容纳和消化食物的地方,因此,表音构件"府"也具有表义功能。

"心"金文字形作"![图]"或"![图]",小篆作"![图]",像一颗心的纵向剖面图,说明我们的祖先早已对心脏的结构有十分准确的认识。古人认为心脏是人思维的器官,因此本义与思维或心理活动有关的字的书写形式大都以"心"为部首,如"思""想""愚""慧"等;成语"心灵手巧""心领神会""心急如火""忧心如焚"也可以看出古人把心看成思维器官的观念。历史传说有一个"比干剖心"的故事:比干是商王太丁之子,幼年聪慧,勤奋好学,二十岁就以太师高位辅佐帝乙,又受托孤重任辅帝辛(即纣王)。比干从政四十多年,主张减轻赋税徭役,鼓励发展农牧业生产,提倡冶炼铸造,富国强兵。商纣王暴虐荒淫,横征暴敛,比干感叹说:主上有过错而不劝谏就不能算作忠臣,因怕死而不敢劝谏就不能算作勇敢。主上有过错,做臣子的劝谏却不被采纳,就要为之献出生命,这才是最忠诚的表现。于是到摘星台强谏三日。纣王问他凭什么敢这样做,比干曰:凭的是善于推行仁义。纣王大怒,说:吾听说圣人的心有七窍,确实是这样吗?于是杀死比干并剖开他的心。

关于比干剖心还有一种说法,就是比干得罪了妲己,妲己对纣王进谗,说自己心口痛，需要七窍玲珑心可治，并说比干是七窍玲珑心，于是纣王剖比干之心给妲己。

"胃"小篆字形作""，上边的构件像胃的剖面图，中间的数点儿表示其中的水谷等，下边的构件是"肉"，本义是人和某些动物消化器官的一部分，上端与食管相连，下端与肠相连。

6. 四肢

如前所述，以"支"为声符的字的意义多具有"分叉"的特点，如"枝"是从树的主干上分出来的"叉"，"歧"是从大路上分出来的岔道。同样，"肢"是从人体躯干上分出来的部分，包括上肢和下肢。

（1）上肢

手是最重要的劳动器官，因此古文字中取象"手"的字比较多。甲骨文""像左手；"又"的甲骨文作""，金文作""，小篆作""，取象右手之形。手本来有五指，只画出三个是因为古代以三为多。当然，也

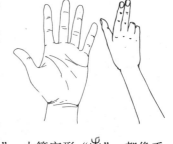

有将五指全部画出的字，"手"金文字形""，小篆字形""，都像手之形，取象五个手指和手掌的形象。

从手掌根部向后退一寸左右，就是寸口位置。"寸"的小篆字形""，由"又""一"两个构件组成，"又"是手形，"一"是指事符号，以指示寸口的部位。《说文解字》说解为"寸，十分也。人手却一寸动脉谓之寸口"，意思是从人的手部向后退一寸，是脉搏动感强烈的地方，这

就是寸口。从寸口到手腕的距离为一寸，可见，寸的长度规定源于人体部位。汉字体系中，有的“寸”构件是像右手之形的“又”构件的变异结果，如“对”“寺”“寻”“导”“寿”“封”“耐”“将”“辱”“射”“尉”“尊”，其中“对”“寺”“导”“封”“耐”“辱”“射”“尉”“尊”本义是动词；“寻”“将”本义是名词；“寿”本义是形容词。

“肱”的正篆字形作“”，古文作“”，《说文解字》说解为：“臂上也。从又，从古文。，古文厷，象形。”后增加表义构件“肉”作“”。“肱”的本义就是大臂，如“肱股”指大臂和大腿，比喻左右辅佐得力的人；引申指整个手臂，如“曲肱而枕”中可以弯曲的“肱”当指整个手臂，而不是大臂。

（2）下肢

止 足 胫 胯

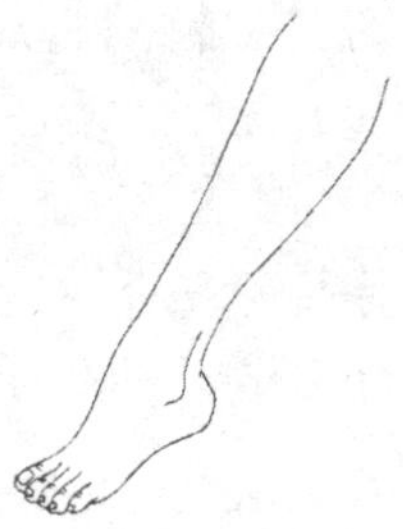

“止”字甲骨文作“”，像人脚之形，上边的三歧表示脚趾，只画出三个是因为古代以三为多；下边的部分表示脚掌。本义就是“足，脚”。以“止”为部首的字构意大都与足有关，如“步”的甲骨文作“”，金文作“”，像徒步行走时左右两脚一前一后的样子；“武”的甲骨文作“”，由“止”“戈”两个构件组成，“止”像脚形，表示行走；“戈”是武器，整个字形表示拿着武器去征伐。

“足”的甲骨文作“”，像小腿和脚相连之形，本义就是“人体下肢”，又专指“踝骨以下的部分”；金文演变为“”，小篆演变为“”。以“足”为部首的字本义大都与“脚”有关，如“踵”的本义是脚后跟，“摩肩接踵”的字面意思是肩膀靠着肩膀，脚尖碰着脚后跟，形容人多拥挤。

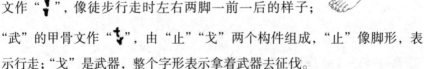

"足""止"的常用义变化之后，又出现了"脚"字。

"胫"字从肉至声。"至"字西周金文作""，下边的部分像织布机的架子，上边的部分像织布机上的纵线，本义就是"织布机上的纵线"。织布机上的纵线具有直、细、长的特点，因此，以"至"为声符的字大都具有直、细、长的特点。如："茎"字《说文解字》说解为"枝柱也"，即植物的枝干，有直、细、长的特点；"胫"的意义是小腿，具有直、细、长的特点；"径"字《说文解字》说解为"步道也"，徐锴曰"道不容车，故曰步道"，是比较细窄而抄近（直）的道路，也具有直、细、长的特点；"颈"字《说文解字》说解为"头茎也"，就是现在说的脖颈，与上边的头和下边的肩相比，具有直、细、长的特点。

"胯"的小篆字形作"胯"，《说文解字》说解为"股也。从肉，夸声"。其实声符"夸"同时具有表义功能，因为"夸"的甲骨文作"夸"，像两腿分开之形，胯是下肢与躯干的相接处，也可以说是可以分开的下肢的起始处，因此说"夸"兼有表义功能。

二　疾病

"疾"字甲骨文字形作"疾"，像一个箭头射向人腋下之形，表示创病之义。中箭受伤，创病来得非常快，因此"疾"又有"迅疾、快"的意思，如"疾驰"，由"迅疾、快"又引申为"力量大，猛烈"之义，如"大声疾呼""疾风知劲草"中的"疾"就是"大，猛烈"的意思。

“病”的甲骨文字形作“”或“”，像有病之人卧于床上，后一个字形还有几个点儿，表示流出的汗水，整字表示人生病之义。

从字形上看，“疾”侧重于外伤，相对容易治愈，因此，“疾”也用来指较轻微的病；“病”则侧重于内科疾病，相对不容易诊断和治愈，因此，古文献中“病”字专指重病。如扁鹊见蔡桓公时，开始说“君之‘疾’在腠理”，等到蔡桓公的病已经无法救治时，才说“君之‘病’在骨髓”，“疾”“病”两词的意义差别非常明显。后来“疾”“病”组成双音合成词，泛指一切大病小病。

总之，古代汉语中，“疾”“病”是两个词，二者的区别主要在轻重程度上；现代汉语中，“疾病”已发展为一个合成词。

参考书目

专著

于省吾:《甲骨文字诂林》,北京,中华书局,1996年。

王凤阳:《汉字学》,长春,吉林文史出版社,1989年。

王宁:《汉字构形学讲座》,上海,上海教育出版社,2002年。

王宁:《说文解字与汉字学》,郑州,河南人民出版社,1994年。

王作新:《汉字结构系统与传统思维方式》,武汉,武汉出版社,1999年。

王筠:《说文释例》,北京,中华书局,1987年。

刘又辛、方有国:《汉字发展史纲要》,北京,中国大百科全书出版社,2000年。

刘志成:《文化文字学》,成都,巴蜀书社,2003年。

刘志基:《汉字与古代人生风俗》,上海,华东师范大学出版社,1995年。

江林昌:《夏商周文明新探》,杭州,浙江人民出版社,2001年。

汤可敬:《说文解字今释》,长沙,岳麓书社,2001年。

许慎:《说文解字》,北京,中华书局,1996年。

杜耀西、黎家芳、宋兆麟:《中国原始社会史》,北京,文物出版社,1983年。

李运富:《汉字构形原理与中小学汉字教学》,长春,长春出版社,2001年。

李运富:《楚国简帛文字构形系统研究》,长沙,岳麓书社,1997年。

李炳海:《部族文化与先秦文学》,北京,高等教育出版社,1995年。

李圃:《古文字诂林》,上海,上海教育出版社,2003年。

李圃:《甲骨文文字学》,上海,学林出版社,1996年。

何九盈:《汉字文化学》,沈阳,辽宁人民出版社,2000年。

宋兆麟:《巫觋——人与鬼神之间》,北京,学苑出版社,2001年。

张玉金:《当代中国文字学》,广州,广东教育出版社,2000年。

张光直:《中国青铜时代》,北京,三联书店,1999年。

张远:《汉字字义的演变》,福州,福建教育出版社,1996年。

张素凤:《古汉字结构变化研究》,北京,中华书局,2008年。

张素凤:《一本书读懂汉字》,北京,中华书局,2012年。

张素凤:《汉字结构演变史》,上海,上海古籍出版社,2012年。

张舜徽:《说文解字约注》,郑州,中州书画社,1983年。

陆宗达:《说文解字通论》,北京,北京出版社,1981年。

季旭昇:《说文新证》,福州,福建人民出版社,2010年。

赵平安:《隶变研究》,保定,河北大学出版社,1993年。

赵平安:《说文秦篆研究》,南宁,广西教育出版社,1999年。

赵诚:《二十世纪甲骨文研究述要》,太原,书海出版社,2006年。

赵诚:《甲骨文与商代文化》,沈阳,辽宁人民出版社,2000年。

赵诚:《甲骨文字学纲要》,北京,商务印书馆,1993年。

段玉裁:《说文解字注》,上海,上海古籍出版社,1981年。

姜亮夫:《古文字学》,杭州,浙江人民出版社,1984年。

姚孝遂:《许慎与说文解字》,北京,中华书局,1983年。

夏渌:《文字学概论》,北京,线装书局,2009年。

徐中舒:《甲骨文字典》,四川辞书出版社,1990年。

徐中舒:《汉语古文字字形表》,成都,四川人民出版社,1981年。

徐复、宋文民:《〈说文〉五百四十部首正解》,南京,江苏古籍出版社,2003年。

高亨:《文字形义学概论》,济南,齐鲁书社,1981年。

高明:《中国古文字学通论》北京,北京大学出版社,1996年。

唐兰:《中国文字学》,上海,上海古籍出版社,2001年。

唐兰:《古文字学导论》,济南,齐鲁书社,1981年。

黄侃:《文字音韵训诂笔记》,上海,上海古籍出版社,1983年。

黄德宽:《古文字谱系疏证》,北京,商务印书馆,2007年。

黄德宽:《汉字理论丛稿》,北京,商务印书馆,2007年。

黄德宽、常森:《汉字阐释与文化传统》,合肥,中国科学技术大学出版社,1995年。

淳于怀春:《汉字形体演变概论》,沈阳,辽宁大学出版社,1989年。

梁东汉:《汉字的结构及其流变》,上海,上海教育出版社,1991年。

葛本仪、王玉新:《汉字认知研究》,济南,山东大学出版社,2000年。

董莲池:《说文部首形义新证》,北京,作家出版社,2007年。

董莲池:《说文解字考正》,北京,作家出版社,2005年。

蒋绍愚:《汉语词汇语法史论文集》,北京,商务印书馆,2001年。

蒋善国:《汉字学》,上海,上海教育出版社,1987年。

裘锡圭:《汉字学概要》,商务印书馆,1988年。

雷汉卿:《〈说文〉"示部"字与神灵祭祀考》,成都,巴蜀社,2000年。

詹鄞鑫:《汉字说略》,沈阳,辽宁教育出版社,1991年。

詹鄞鑫:《神灵与祭祀》,南京,江苏古籍出版社,1992年。

〔美〕摩尔根:《古代社会》,北京,三联书店,1978年。

潘钧:《现代汉字问题研究》,昆明,云南大学出版社,2004年。

陈婷珠:《殷商甲骨文字形系统再研究》,上海,上海人民出版社,2010年。

黄文杰:《秦至汉初简帛文字研究》,北京,商务印书馆,2008年。

论文

王立军:《汉字形体变异与构形理据的相互影响》,《语言研究》2004年第3期。

王宁:《系统论与汉字构形学的创建》,《暨南学报》2000年第2期。

王贵元:《汉字形体演化的动因与机制》,《语文研究》2010年第3期。

王贵元:《汉字构形系统及其发展阶段》,《中国人民大学学报》1999年第1期。

齐元涛:《〈说文〉小篆构形系统相关数据的计算机测查》,《古汉语研究》1996年第1期。

李运富:《从楚文字的构形系统看战国文字在汉字发展史上的地位》,《徐州师范大学学报》1997年第3期。

李运富:《汉字的形体演变与整理规范》,《语文建设》1997年第3期。

李运富:《论汉字职能的变化》,《古汉语研究》2001年第4期。

李运富:《汉字语用学论纲》,《励耘学刊》(语言卷)2005年第1辑。

李运富:《论汉字的记录职能》(上、下),《徐州师范大学学报》2003年第1、2期。

李运富:《论汉字的字际关系》,《语言》2002年卷,首都师范大学出版社。

李运富:《论汉字结构的演变》,《河北大学学报》2007年第2期。

李孝定:《从六书的观点看甲骨文》,《汉字的起源与演变论丛》1986年第6期。

张云艳:《现代汉字的结构类型》,《山西大同大学学报》2008年。

张素凤:《"王"字的文化蕴涵》,《中华活页文选》2005年第9期。

张素凤:《汉字演变中的理据重构现象》,《河北学刊》2008年第4期。

张素凤:《"孟"字的文化意蕴》,《文史知识》2006年第4期。

张素凤:《"美""尾"与远古服饰审美的演变》,《汉字文化》2005年第3期。

张素凤:《谈古汉字构形变化规律》,《河北学刊》2007年第2期。

张素凤:《谈记录职能对汉字形体结构的影响》,《河北师范大学学报》2009年第3期。

张素凤:《释"帚"》,《中原文物》2007年第2期。

杨洲、张素凤:《孔子"仁""圣"思想内涵及其关系探析》,《河北大学学报》2009年第5期。

张素凤、张学鹏:《甲骨文中从"帚"之字考释》,《中原文物》2007年第6期。

张晓明:《二十世纪汉字字形结构研究》,《语言教学与研究》2004年第5期。

陈炜湛:《甲骨文异字同形例》,《古文字研究》第6辑。

周有光:《文字演进的一般规律》,《中国语文》1957年第7期。

郑振峰:《论甲骨文字构形系统的特点及其演变》,《语言研究》2004

年第 3 期。

孟华：《汉字两书论》，《东方论坛》2006 年第 5 期。

赵学清：《战国东方五国文字的构形系统研究》，《聊城师范学院学报》2001 年第 5 期。

赵诚：《古文字发展过程中的内部调整》，《古文字研究》第 10 辑。

姚萱：《殷墟花园庄东地甲骨卜辞考释（三篇）》，《古汉语研究》2006 年第 2 期。

黄天树：《论汉字结构之新框架》，《南昌大学学报》2009 年第 1 期。

黄德宽：《汉字构形方式：一个历时态演进的系统》，《安徽大学学报》1994 年第 3 期。

黄德宽：《汉字构形方式的动态分析》，《安徽大学学报》2003 年第 4 期。

曾宪通：《说繇》，《古文字研究》第 10 辑。

郭伟：《〈说文解字〉形变字研究》，苏州大学硕士论文，2003 年。